U0502420

和亲之女
王昭君

姜 越◎编著

郑州大学出版社

郑州

图书在版编目（CIP）数据

和亲之女——王昭君 / 姜越编著 . —郑州：郑州
大学出版社，2019.6
ISBN 978-7-5645-6267-0

Ⅰ . ①和… Ⅱ . ①姜… Ⅲ . ①传记文学－中国－当代
Ⅳ . ① I25

中国版本图书馆 CIP 数据核字（2019）第 076260 号

郑州大学出版社出版发行
郑州市大学路 40 号　　　　　　　邮政编码：450052
出版人：张功员　　　　　　　　　发行部电话：0371-66658405
全国新华书店经销
河南龙华印务有限公司印制
开本：710 mm×1 000 mm　1/16
印张：14.75
字数：193 千字
版次：2019 年 6 月第 1 版　　　　印次：2019 年 6 月第 1 次印刷

书号：ISBN 978-7-5645-6267-0　定价：49.80 元
本书如有印装质量问题，请向本社调换

前 言

王昭君的故事经历了由史传到民间传说，再到文人创作题咏、踵事增华，蔚为大观的这样一个递嬗过程，它反映了中国古代文学繁衍发展的规律性走向——由雅趋俗、雅俗共荣的基本特征。

她如花似玉，勇敢善良，虽生就了落雁之容，却因画师作祟，在入宫后三年未得见龙颜。她毅然出塞和番，惊艳汉宫，元帝懊恼，单于欢欣。从此，汉匈和如一家，人民安居乐业，再不见那烽烟呼号。美丽的宁胡阏氏成为草原的和平使者，在塞外广阔苍穹中生活的百姓开始享受她带来的幸福与和谐。

王昭君的形象并非如我们所想象的那样，在递嬗过程中变得越来越丰满，越来越完美，而是时有反复和波动。考察这一过程，不仅可以使我们对王昭君形象有更为全面的理解，而且通过王昭君这个不断得到改造的原型，也可折射出特定时代的文人思想和文学观念的演进。

书中全面详细地讲述了王昭君的一生，从王昭君幼年至成年，及至远嫁边塞、和亲为国。本书语言生动、活泼，简明通俗、图文并茂，把一代美女王昭君的生平、功绩、历史评说等知识要点全面展示给读者。本书在深入挖掘和整理中华优秀传统文化成果的同时，结合社会发展，注入了新时代的精神。

呼韩邪单于平息了匈奴内部的叛乱，结束了汉匈冲突。他知道匈奴人不该只学猛兽，战斗一世，冲杀一世，好战只能换来自取灭亡，他愿婿汉氏以自亲。天苍苍，野茫茫，风吹草低见牛羊，王昭君来到了塞外美丽的大草原。海子湖畔，江南小木屋，王昭君得到了呼韩邪单于炽烈的爱。美丽善良的宁胡阏氏给匈汉带了和平。

王昭君的历史功绩，不仅仅是她主动出塞和亲，更主要的是她出塞之后，使汉朝与匈奴和好，边塞的烽烟熄灭了五十年，增强了汉族与匈奴之间的民族团结，符合汉族和匈奴族人民的利益，她与她的子孙后代以及姻亲们对胡汉两族人民和睦亲善与经济文化交流做出了巨大贡献。元代诗人赵介认为王昭君的功劳，不亚于汉朝名将霍去病。王昭君的故事，成了我国历史上流传不衰的民族团结的佳话。

一滴墨水可以引发千万人的思考，一本好书可以改变无数人的命运。认真阅读名人的传奇故事，深入了解和剖析名人的成功经历，我们可以找到自己与名人的差距；汲取名人积极向上奋发图强的有益养分，可以为自己增添激情、活力和勇气。同时，我们还要从反面人物身上识别真伪，认清他们的丑恶面目，从而选择自己正确的人生。

目　录

第一章　天降娇女，选美误入寂寞汉宫

王昭君出生于长江三峡中一个叫秭归的地方的普通的民家。汉元帝建昭元年，下诏征集天下美女补充后宫，王昭君被选入宫。皇帝后宫佳丽三千，常理轮到王昭君不知要到什么时候，而且即使轮到了又能怎样？王昭君可能也就这样被湮没于后宫之中。

第二章　才貌惊艳，请缨出塞为和亲

王昭君虽然锦衣玉食，绮窗朱户，但不过是笼中之鸟、池中之鱼而已。汉元帝刘奭即位后，呼韩邪单于跟汉朝的关系已经很好。公元前33年，呼韩邪单于再一次到长安，这次他提出了和亲的要求。

第三章　刀光剑影，千里出塞坎坷路

王昭君出塞和亲时望着漫天黄沙，孤雁南飞，不觉幽思自叹，无限感伤，便弹起琵琶，一首《出塞曲》寄托了浓厚的乡愁，声声催人泪下。在远赴匈奴的路途上，坎坷艰难，刀光剑影。

第四章　汉匈和平，情系塞北大草原

王昭君抵达匈奴后，与呼韩邪单于非常恩爱，被封为"宁胡阏氏"，并为呼韩邪单于生下一子，取名伊督智牙师（也写作伊屠牙斯），封为右日逐王。婚后三年，公元前31年，呼韩邪单于逝世。

附录

　　王昭君出塞和亲，化干戈为玉帛，消除了战事，为两国开创了稳定和平的政治局面，深得人心。王昭君与她的子女后孙以及姻亲们对胡汉两族人民和睦亲善与经济文化交流做出了巨大贡献。

第一章

天降娇女，选美误入寂寞汉宫

　　王昭君出生于长江三峡一个叫秭归的地方的普通民家。汉元帝建昭元年，下诏征集天下美女补充后宫，王昭君被选入宫。皇帝后宫佳丽三千，常理轮到王昭君不知要到什么时候，而且即使轮到了又能怎样？王昭君可能也就这样被湮没于后宫之中。

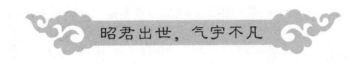

昭君出世，气宇不凡

公元前52年一个温暖的秋夜，香溪河边烟登坪村里，王襄的妻子景氏又生下了一个女婴。

这夜，参天大核桃树下的那眼楠木做盖、楠木垫底、楠木镶边、楠木护口的大井里，井水也清澈得澄碧澄碧的。劳累的村民们喝了一口这井里的水，顷刻间凉爽得沁到了心尖上，困乏顿消。

这究竟是怎么一回事呢？村民们惊喜地四下里望着，耕牛仍老实地待在它的栏里，鸡雏也在自己的圈里不声不响，住在村东头的老奶奶嬷的那匹上了岁数的老马也安分地守着那盘大石磨。村民早就知道嬷快不行了，她原本红润丰厚的脸颊塌陷下去，身子瘦得干瘪，已不吃不喝地躺在炕上好多天，只等着老天召她上路了。今晚她却突然好起来，精神抖擞地走到河边，盘坐在一块光滑的卧牛石上。这时月色如水，风清气爽，两岸青山像冠宇华美，威严站立的神一样，嬷宽大的长袖飘摆起来，好似一只鼓翅飞起的大鸟。人们惊异地发现嬷的瘦脸忽然丰润了，那干瘪多皱的皮被仿佛注入了新鲜清澈的水，佝偻的身子又恢复了她往日的敦实厚重。嬷仰起头，面上显示出已失去很久的气派和尊严，她对拥来的烟登坪村的村民们说："我还能活很多年呢！天上的神灵给我们烟登坪送来一个神奇美丽的女孩，往后我们的日子会越来越好，五谷丰登，风调雨顺。"

于是人们蜂拥到王襄家，争看这个刚降生的女婴，她安静地躺在景氏的怀抱里，睁着忽闪明亮的眼睛。婴儿洁白的小脸上闪耀着银月般的光辉。村民不由得仰望高空那轮月亮，那不正是月光的色泽吗？

"喔！"人们惊叹着。景氏自豪地告诉人们，方才她梦见一轮皎月投入怀中，接着婴儿就降生了。人们明白了，女孩是月宫的仙子啊！

村民们沸腾了，纷纷挖启埋在自家房下准备过年时才用的老香醇，全村跟过年一样热闹。人们围着王襄说尽祝贺的话语，喜气洋洋的王襄当众为这个神赐给他的女孩取名叫嫱，字昭君。

村民们欢呼了整整一夜，喜悦的他们甚至将村名"烟登坪"改为"宝坪"，因为这里是一块宝地呢！

日子不咸不淡地悄然过去，神赐之女王昭君也渐渐长大。

天刚放亮，小昭君就起来了。这时，父亲母亲和妹妹娉都还在黎明的曦光里熟睡，第一遍鸡鸣尚未响起。小昭君提上她的小篮子轻手轻脚地推开房门，站到外面。清爽的晨风一下子掠走了她身上的燥热。她残存在脑中的梦境，不管是美妙的还是不甚美妙的，统统消失得一干二净。小昭君从心底里发出一声欣喜的惊叹：多好啊！她抬起眼睛，天还没有完全亮透，四周静悄悄的。宝坪村的一切，那些矗立的房屋、树木和远近的山色似乎都像梦中的景物一样在朦胧的光影中凝固着，最近处的一条小溪怕惊动谁似的，在缓慢而无声地流淌，长天深处的那颗启明星欢快地眨着眼睛。"早呀，小不点儿！"星星在跟小昭君说话，用老祖父般粗哑哑的声调。奶奶嫘告诉过小昭君，说这颗星星已经活了很长的年头了，足有好几个三百年了，留着长长的白胡子，是个好脾气的老寿星。

"早呀！老祖父！"小昭君轻盈地摇着小手。接着，她看到这颗星星消隐在苍白的天际，东方现出一片蒙蒙的金红色，令她小小的身心为之一振。啊！天的神树又开花了！小昭君在湿软的草地上奔跑着，一口气跑上香溪河岸边的一座披满青草的小山。在这儿，她可以更清楚地看见那片盛开的金红花，它们是那么夺目，一片片、一朵朵，铺满了整个东方的天宇。

"多好啊！"

小昭君不由得双膝跪下，向着天上的神举起她的小手，那洋溢着的红光映到她的面颊上，浸透了她小小的身子，这光霭好像隐含着某种召唤，让她激动得几乎要淌下泪水，但她不知道它在召唤什么，她还不懂，她太小了，她只感到胸中有什么东西像小鸟似的在向着远方的天空飞翔。

当太阳上升时，小昭君已跑下山坡，来到香溪河边，静静流淌的河水忽地变得欢快起来。她从篮子里掏出布巾和一柄乌木做的木梳，明镜似的水波映出她的模样，她解开头顶的髻，一头乌黑浓密的长发一直垂到足踝。小昭君对着水中的影子不觉微笑起来，一群绒羽泛着绿色光泽的鸬鹚从水面上飞起，"啊啊"地叫着，掠过她的面前。"嘿，多美的小姑娘呀！"鸬鹚们响亮地嚷着。

"你们也很漂亮！"小昭君呢喃着，用她的小指头指点着鸟儿们，"瞧，你们黑亮的羽毛多光滑呀，还有长长的尖钩似的嘴巴，但是今儿个你们可不要用它来捉可怜的小鱼了，我请求你们。"

鸬鹚们轻盈地晃动着翅膀，"呜哇"作答："好啊，小姑娘，但是，你得用清澈的河水把你的脸儿洗得更美，用梳子把头发梳得更亮。"

于是小昭君就梳洗起来，鸬鹚们落在对岸的矮树<u>丛上</u>，用圆圆的眼睛凝望着小姑娘。

河边还有一排排的桃树，在这早春的日子里鼓起一个个结实的苞蕾。清风徐徐吹过，王昭君踩着河边的白卵石站起身，黑发光光灿灿的，笑靥粉红。桃树们有些迷乱地互相磕碰着，枝条与枝条彼此推挤着。"哦，我们又多了一位小姊妹！"桃树说，"但是你比我们都美丽。"

"别泄气，我的姊妹们，春风再浓些，你们就开花了，那时，所有的姑娘都会羡慕你们呢！"小昭君说着，拎起她的篮子。这时天空被升起的太阳照耀得大亮，村上的男人们已经准备出门到地里去了，女人也挑着水桶向那口楠木井走去。着青衣白衫已尽显女儿情态的小昭君，从阳光下远远的青草小路上，娉娉婷婷地走来，人们不由得停住自己的步子，眯起眼睛。小昭君在这个明媚的早晨由青山绿水间走来。人们一时以为，是这个早晨，是这方山水刚刚诞育了她，连王襄和景氏也怀疑这样美丽的女孩不是自己生养的。小昭君依旧沉浸在与自然的对话里，脸上布满喜悦的笑容，通身飘逸着山水的灵秀之气。人们再次记起小昭君出生的那个神奇的夜晚，想着这个女孩会给宝坪村带来怎样的福气呀。

早春时节，桑园里的桑树伸展开嫩绿的叶片。像小昭君这些十一二岁大的姑娘每天早上都要去采摘桑叶，她们穿梭在一株株的桑树之间，一手提着篮子，一手执一根顶端带有尖钩的木棍，钩下一根树枝，用手摘下一片片桑叶。小昭君总是摘得又快又多，她不像有些嘴馋的姑娘，时不时地要撸下几颗桑葚塞进嘴巴里，吃得满嘴流着紫红的汁液，她只是在采完桑叶后才摘下一捧桑葚放在叶子上面，准备带给妹妹娉。当小昭君提上满满的竹篮直起身时，看到她的小姊妹都会惊讶地叫：

"小昭君，桑露把你的脸洗得多白呀！"

小昭君嫣然一笑，漆黑粗长的睫毛上颤颤地挂着晶莹的桑露，洁白的面庞闪烁着珍珠般的光泽。姑娘们就拉开嗓子脆生生地唱：

日出采桑兮去桑园，

桑露清清兮洗白嫱。

桑园里弥漫着桑树的清香和早春泥土发出的清湿气息，小昭君踩着姊妹们的歌声走回家。景氏正坐在织机前"咔嗒咔嗒"地织纱，足踩踏板，手脚并用地往来运动着，机杼相和，经纬相加，白纱斐成。景氏抬头看见小昭君回来，不觉露出欣慰的笑容，小昭君终于长到可以帮助母亲的年龄了。小昭君愉快地唤了一声母亲，将一捧桑葚递给在景氏脚边玩耍的娉，便走进一旁的蚕房，开始给蚕宝宝们喂食。小家伙们还太幼细，无法对付整张桑叶，小昭君用刀把桑叶剁碎，然后撒在蚕篓里，小小的春蚕扭动身躯，小嘴一张一张地吞咽着可口的食物。这之后，小姑娘又得去喂鸡笼里的鸡和猪舍里的猪。

小昭君的故乡秭归，地处长江三峡之第三峡——西陵峡畔，这一带虽属距川西平原较远的山区，江水异常汹涌，到处是急流险滩，但土地却因江水的滋润而格外肥沃。湿软的土壤饱含充足的养分，再加上湿润的气候、甘美的阳光，足以养育一年三熟的作物。秭归的田野上，有稻、麦、谷、粟，山坡上还有成片的柑橘林和大片的茶树，这些作物都是男人们去栽种；而女人们也不清闲，每日也有大量的劳动等着她们：挑水、砍柴、做三餐饭、织锦、舂米、饲养牲畜以及种芋栽莲。秭归山乡溪水纵横，河流遍野，人们就将这些大小溪河连成农田灌溉网，又在一个个陂塘里养鱼种莲。初春，掘藕根节头，埋在塘里的泥中，盛夏便会长出硕大的莲蓬。

秭归山乡尽管土地肥美，男人辛勤劳作，日子仍是十分艰难。西汉到了元帝当朝，已开始显出衰落的征兆。元帝即位不久，便天灾累起：先是关中十一郡发大水，万顷农田颗粒无收，饥馑大作，饥民们易子而食；次年陇西大地震，山崩地裂，死伤数百人；北海再发水灾，吞没田地，灾民失所。但皇室、贵族、官僚的奢靡浪费和强取豪夺之风却愈演愈烈，四方百姓头顶压着沉重的徭役赋税。宝坪村的农人一年四季不停歇地垦荒种地，大部分的收获却被官府征去，只有小部分属于自家。因此，妇女的劳动就显得格外重要，她们饲养的家禽既可给自家寡淡的锅里增添些美味，又能换回盐和农具；而女人们种植的芋头在七月成熟，可窖藏数月，在荒年里便成了绝好的食物。

小昭君在早春艳阳高照的上午，还要将母亲织好的纱拿到溪边去浣洗。她端着一只与她纤细的身子很不相称的大木盆，和一群小姊妹走到香溪河的上游。这是一条亮晶晶的水流湍急的小山溪。四周的青山静静地倚在阳光里倾听汨汨的溪水声，空气中流荡着野草的气味，这里是姑娘们的天地，男孩子们谁也不会到这儿来，他们这时都在山的另一面放羊。姊妹们一到此就像雀儿一样扑散开，她们都是十一二岁的年龄，最大不过十三岁，无忧无虑，天真无邪，在溪边浣纱是她们一天中最快乐的时刻。尽管有很多的纱要浣洗，可她们拥有充足的时间，从早晨到中午，母亲不会唤女儿，她们做好了饭，喂了怀中的小儿，便要去地里给耕作的丈夫和儿子送饭。姑娘们站在溪边，如同进入了一个自由快乐的世界，摘着那些在早晨开放的紫色、蓝色、粉红色的野花，插在头顶的两个小抓髻儿中，对着清冽的溪水照来照去，笑声连连。山村的农家女儿，没有金银饰物可戴，古时候传下来的规矩就是女子在十五岁前一律梳"丫髻"，将头发集束于头顶，编结成两个小髻，如初发的两棵幼芽。到了十五岁，如已许嫁，才可以把头发绾起来，插上发簪。

女孩插簪是很重要的事情，通常要举行隆重的仪式，农人家拿不出金簪玉笄，却也要做上一支精美的竹簪或骨簪为女儿行成年礼。

嫘是这群女孩中最年长的，今年满十三岁了，除了小昭君，便数她美丽。嫘的个子很高，像十五岁的大姑娘一样亭亭玉立。在这个早春，嫘看到自己身子里流出的那股生命的红潮，就在这时，嫘便觉得她单薄的胸脯像蓓蕾一样时时要怒放着，她开始爱脸红，轻声细语地说话，不再摇晃着身子大笑，而是以袖掩面低低地笑。这会儿，嫘插上了野花，寻到山溪转弯处，远离姊妹们，瞧着水中的面容，做出各种美妙的女儿态来。婧是个活泼的姑娘，只比嫘小一点，也快十三岁了，婧虽生得不如小昭君和嫘，倒也是杏目桃腮，清纯可爱。婧发现不见了嫘，就诡秘地眨眨眼睛，招呼着姊妹们轻手轻脚地去寻嫘。

嫘一时忘情，舞袖而歌：

若有人兮山之阿，被薜荔兮带女萝。既含睇兮又宜笑，子慕予兮善窈窕。

婧与众姊妹脆生生齐唱：

子慕予兮善窈窕——

嫘倏地回头，两颊飞上红云。姊妹们笑起来，婧围着嫘跑跳着，扬起长袖冲她扭扭摆摆地跳起峡舞，直到把嫘羞得跪在溪边蒙住脸哭起来。

"哎呀，姐姐！"婧自知自己过分了，抱住嫘的肩膀摇晃着，拉下她的手，冲她做出各种鬼脸，"瞧，妹妹婧像不像一只小花猫？"

嫘不由得扑哧一声笑出来。

"哎——姊妹们快看呀，桃花全开啦！"远处传来唯独没有加进戏弄嫘游戏的小昭君的喊声，众姑娘站起身，愣住了，天呀，溪边河岸的桃林一片红晕晕的丹霞，这是怎么回事？它们怎会在短短的时辰里霎时全开花了？往常的桃花可不是如此这般开的，总是在一个早晨里，先有一树顶尖上的几朵小心翼翼地拱开了自己的苞蕾，然后才一树连着一树地开……这会儿，是多么不可思议呀！众姑娘忽闪着眼睫，婧跑上前几步，看看四周的桃花，再看看溪边浣纱的小昭君：她站在青草之上，正由溪水中扯起二丈长的白纱，白纱像升腾起的迷离白雾，小昭君的面容被串串野花环绕，在这透明的雾霭里真如同西天瑶池的小仙子。难怪千棵桃树要竞相开放呢，原来它们都看到了这幅图景，想一争高低呢。

在西边高坡上耕作的农人也望见了这一前所未有的奇景：桃树在与美丽非凡的小昭君争艳，人们不觉停住手中耕犁，久久赏观，连老牛亦凝立不动，呆呆地望着。

可小昭君完全忽略了自己，她被桃花吸引，就急忙将浣好的纱铺在光滑的石头上晾晒开，然后向桃林飞跑去。

小昭君喘息着停住脚步，大群蜜蜂嗡嗡地飞来了，桃树于轻风中摇动着，伸开一个个嫣红的枝头，迎接着采花的小虫，但蜜蜂却不进桃林，一股脑儿地围着小昭君转。

"我的小兄弟们，"小昭君摆着手，对蜜蜂们说，"你们得掉过头去，你们实在是弄错了，树林才是你们该去的地方。"

"哦，可是蜜蜂没有搞错，因为我们的小昭君比桃花还美丽呀！"婧和众姊妹跑过来，大声说道。

小昭君抬起头，脸颊漫上淡淡的晕红。

"蜜蜂来找小昭君采花蜜喽。"婧响亮地叫，与众姊妹手拉手围成一个大圆圈跑跳着，笑闹着，小昭君站在中央，两手挡着脸，免得蜜蜂真的落在面上。

小昭君的少年生活是无忧无虑的，是快乐的，但谁知今后的生活多舛，却将她卷入了政治漩涡。

皇帝下旨，采选宫女

汉朝自高祖刘邦手提三尺长剑，起义灭秦，建立西汉王朝后，虽然国家时有匈奴在边境作乱，但总体而言，也算是国泰民安，物资丰盈，历代相传，直至汉元帝。刘邦是平民出身的皇帝，深知民间疾苦，即位之后，修正奢华之风，以免劳民伤财。即便管理后宫，也要更改先朝制度，规定凡宫中的太监和宫女的人数必须有一定限度，不能超规越限。同时因为选宫女太骚扰百姓、贻害民间，而把选宫女一事规定为二十年一次，后世子孙不得任意变更。后来即位的文帝、景帝、武帝，都是英明之主，勤政爱民，对于挑选宫女一事，皆能恪守祖制。因有几朝皇帝的励精图治，且能前后相袭，才有了"文景之治"的盛世局面。

这样，到了元帝在位期间，后宫宫女便都是前朝遗留下来的。挑选起来，不仅才貌俱佳的难以见到，连年龄在二十岁左右的都屈指可数。元帝初时，命妃嫔代自己挑选。看了之后发现没有一个是自己中意的，疑惑是妃嫔们相互妒忌，担心失宠，便不挑相貌出众的来见自己，一气之下决定亲自到后宫挑选。

旨意一出，后宫哗然。这些宫女自从进宫以来，有些连皇帝的龙颜都未见过，好不容易盼到今日皇上亲自挑选，这一选中，不是封妃，便是封嫔，至少也是个美人的位置，从此可以平步青云，命运将瞬间发生改变，所以，后宫宫女都不愿放过这个千载难逢的好机会。皇上亲临挑选，一看下面的宫女，好似被当头浇下一盆冷水，兴致索然。无望之下，元帝想放弃这次挑选。但圣旨已出，再看下面的宫女个个满怀希望的样子，便只好短中取长地草草挑了两个，可谓乘兴而来，败兴而归。

此行这样落下帷幕，皇上回去，自然郁郁不乐。皇后察言观色，询问道："是不是朝中有什么事情？皇上怎么郁郁寡欢呢？"元帝道："朝中能有什么事情？就是因为朝中无事，现在四海安宁，朝政清闲，朕才意欲选几个美貌女子当妃嫔。但今日在后宫巡视一遍，都是年长且相貌平平之人，因此心中不快。"

皇后含笑道："现在宫中所有宫女都是前朝遗留至今的，已经有二十余年不曾挑选宫女。且不要说没有貌美之人，就算是有，现在也年龄稍长，年华老去，这样的人在皇上身边，也缺少风趣，皇上为何要在宫中挑选呢？"

元帝问道："不在宫女里面挑选，又去哪里挑选呢？"

皇后道："皇上贵为一国之君，富有四海，普天之下，莫非王土，率土之滨，莫非王臣。您只需下一道圣旨，派遣太监往各个州、郡、县暗中察访，遇到美貌女子，挑选前来，还用为此事烦恼吗？"

皇上听完还是心存疑惑地说："到民间选宫女，朕不是没有想过，但是这道圣旨一出，必然会遭到一些老臣的反对，况且，高祖时期就对此事有了规定。祖宗的制度不好违背，所以才屡次动此念头，又屡次打消。"

皇后听完，继续说道："皇上勤政爱民，体恤百姓，考虑得很周到。但祖制并没有禁止选宫女，只是限定二十年一次。从上次选宫女至今已经时隔二十多年了，姑且不说前朝宫女们年岁已长、容颜老去，单是长年深居后宫，怨气也越来越重，这样的女子，即使进入皇室，也影响天地和气。陛下可以申明此意，赦她们出宫择人自行婚配，再重新采选宫女。"

皇上一听，龙颜大悦："皇后所言极是，朕明日就下旨选宫女。"

谁知元帝的圣旨还没有下达，就遭到大臣们的反对。

元帝道："朕因宫中宫女年纪已长，才欲下旨选宫女，这有何不可，你们为何反对？"

大臣们奏道："臣听说明主都是亲贤臣远美色，现如今边境刚刚安定下来，匈奴也刚刚停止作乱，陛下理应与民休养生息，共享太平，为何又要做选宫女这种扰民的事情呢？"

元帝道："采选宫女，也是史上常有的事情，怎么就是扰民了呢？"

大臣们答道："人们对于所生的子女，哪有不心疼爱惜的道理，一听说采选宫女，唯恐自己的女儿进入皇宫、骨肉分离，必定惶惶不安，欲将女儿早日婚配，仓促之间，必定造成许多错配、怨偶，从而贻害终身，这是其一；陛下下旨选宫女，使臣所经过之地，难免发生受贿索贿的事情，民不聊生，此为其二；所选中的宫女，很多不愿意背井离乡、远离父母，然而又被使臣威逼利诱，无奈之间，也有许多或投河或悬梁的，造成轻生，此为其三。有此三不可，所以臣等才认为选宫女之事不妥。"

元帝听完，便将皇后所说的道理一一道出，并说："朕意已决，不必多言。"

元帝对选宫女一事已下定决心，回去便即刻下旨，让内监火速分头下到民间采选宫女。虽然说是暗中查访，但圣旨一下，内监就风风火火地大作声势，采选宫女的消息迅速传播开来。消息传到各家各户，百姓听说皇上要选宫女，凡年龄在十三至二十岁之间、尚未婚配的少女，必须全部参加。没有女儿的人家自然不用担心，有女儿婚配了的，或未满十三岁的也不用担心，这可就急坏了家有女儿且年龄在十三至二十岁之间的人家。不奢望飞黄腾达的人家，唯恐女儿被迫应选。这一旦选中，便要骨肉分离，可能是老死宫中，永无见面之日了。所以，无论是官宦之家还是平民小户，都惊慌失措，纷纷将女儿许配人家。下手早了的，还可以稍微挑选个门当户对的。随着风声越来越紧，官府开始禁止自行婚配，人们便开始不挑选、乱点鸳鸯，火速婚配。

这可就热闹了，大街上硬拉一个和女儿成亲的也有，年轻貌美的嫁个老光棍的也有。稍微英俊的青年，甚至能一夜之间三次同房。大街上热闹非凡，满是娶亲的场景。但是，喜庆的场面背后，可苦了这些少女和她们的父母，这实在是避免骨肉分离的下下之策了。

初长成人，选美入宫

秭归是典型的江南水乡，宝坪是秭归的一颗珍珠，一条香溪河从村口流过，东边是凤凰岭，西边有乌龙洞。凤凰岭上有座山台，人称"妃台晓日"，是纪念王昭君的，直至今天，人们看见金色光线把凤凰岭显现在天空时，仍不忘说一句："那是昭君绣的凤凰展翅。"

这时，汉朝的月亮已经升起来，王昭君在望月楼上弹琵琶。

望月楼的窗子面对香溪，河面上潮湿的风穿过栏杆，抚摸王昭君十七岁的少女之颊。琵琶悠悠扬扬，饱含少女的迷惘与期盼，散布在秋日的夜风中，一轮月华天如水。

琵琶刚刚在空中停稳，昭君便听到箫声从香溪对岸传过来，箫声中隐含着激情与渴望。王昭君知道，吹箫人便是宇文成。

王昭君和宇文成从小就熟识，常常一起玩耍。年龄大了，他们在一起的时间就少了，猛然一见，心中还不觉"怦怦"跳，不知为什么，两人显得更客气了。于是，他们的交谈方式变为音乐对话。

今天是中秋节，月亮格外圆。下午，王昭君采回一抱雪白的菊花，插在书案上，现在正释放着淡淡的香气。于是，箫声一停，她便弹起了《采菊》——一个少女悠闲地走在花丛中，一会儿停步观赏，一会儿采过一朵，边走边唱，随手把菊花插在发髻上。她一停手，便听到对面的箫声响起，是《鹿鸣》。小鹿在林中奔跑，一阵小雨洒下，小鹿一边跑一边叫，急忙寻找避雨的地方。一不小心，被葛藤绊倒了，小鹿站起来，小心翼翼地往前跑，当它终于找到山洞时，小雨也停了。

满天明月白如霜，香溪河上浮起一层白蒙蒙的水雾，箫声停止的地方，王昭君隐隐约约看见一个身影飘过去，消失在蒙蒙水雾中。突然之间，她觉得怅然若失，心中升起一股淡淡的无可名状的忧伤，从身体内部散播着一种涌动的力，促使她想表达，却又不知表达什么，将琵琶挂在墙上，急急地跑下楼去，沿着香溪漫步。

许多年之后，当她和呼韩邪单于在大漠月夜散步时，猛然想起这个中秋夜——这是她最后一次在故乡过中秋节。

稻田在薄雾下沉默不语，像一位期待倾诉的少女，月光洒在稻田与河流上，静静地流着。昭君信步走着，月光将她的影子留在河堤上，一首歌轻轻升起：

> 昭昭素明月，辉光烛我床。
>
> 忧人不能寐，耿耿夜何长。
>
> 微风吹闺闼，罗帷自飘扬。
>
> 揽衣曳长带，屣履下高堂。
>
> 东西安所之，徘徊以彷徨！

杂乱缤纷的思绪渐渐集中，好像是在思念一个人，一个从未相见的人，一个生命中注定要相互承诺的人，然而，这个人在哪里？

王昭君不知道，也无法知道，只觉得身体在膨胀，仿佛一股火焰要喷射。突然，她望望身边的香溪，想下河洗个澡——这时夜深人静，正是好时光。

第二天早晨，王昭君很晚才起床，昨天她失眠了。迷迷糊糊中，她感到一双火辣辣的眼睛在望着她，等待她。母亲的声音把她从睡眠中带回："昭君，吃饭了。"

王昭君不情愿地睁开眼睛，看见两只白鹤立在楼前的栏杆上，她以为眼花看错了，忙睁大眼睛仔细审视：确实是一对白鹤，羽毛如雪，长颈尖嘴，丹顶玉睛。

白鹤安详地立在栏杆上，望着王昭君，悠悠叫了三声，头一点展翅而去。王昭君觉得这是个象征。但象征什么，她也不知道。

早饭的餐桌上，母亲忙着把粥盛上，昨天没吃完的月饼又打开，王襄抽完最后一口烟，把烟锅往脚边磕了一下，悠然地说："咱村里来了朝廷大官。"

"朝廷大官来咱村干什么？"母亲不解地问道。

没等父亲回答，王昭君急忙把早上的事讲了出来："父亲，你说怪不怪，早上一醒来，两只白鹤立在栏杆上，还冲我点了点头。"

王襄不以为然地说："还不是饿了，想找食儿！"

正说着，突然从天上飞来两只白鹤，在空中盘旋了一圈，停在王昭君家里的梧桐树上，嘴里还衔着一枝鲜艳的草，昭君认得，正是早上那两只白鹤，她兴奋地跳起来，说："父亲，就是这两只鹤，你看它嘴里含的是什么呀？"

王襄捋了捋发白的胡子，眯住眼睛，凝视了一会儿，头摇了几下又点了几下，喊道："灵芝，它嘴里衔的是灵芝，昭君，那是灵芝。"

王襄说完，又疑惑地往家里环视一周，不解地问："是不是咱家要出什么喜事了？"

王昭君只听父亲讲过灵芝，却没见过，只知道灵芝是—种吉祥的象征。她静静地看着那两只白鹤，只见它们向昭君点了点头，一张口，将灵芝丢在昭君面前，展翅而去。

王昭君回过头，发现父亲的脸上老泪纵横，激动地说："昭君，咱家有喜事了。灵芝献瑞，只有大福大贵的人才能见到啊！"

母亲一直没讲话，她被这件突然的事情弄蒙了，不知道有什么事要发生，淡淡地说："什么喜事不喜事，我只想这样平平安安地过日子。"

王昭君和父亲一样激动，她已厌倦了这样平淡的日子，长这么大，还没有走出过秭归，外面是个什么样的世界呀！这是个谜，也是种诱惑。

一家人继续吃饭，母亲说："瞧，我都老糊涂了。昨天有人来给昭君提亲，说是一个大户人家，公子知书达礼——"

话还没讲完，就被王昭君截断。

"母亲——我不嫁人，我要一辈子守着父亲、母亲。"

说着，王昭君脸上飞起一片红云。

"昭君，这是个正经事儿，你都十七岁了，也该找个婆家了。"

正在这时，里正叩响了柴门。王襄忙招呼里正坐下，里正也不坐，告诉他，皇上派人来选美女，通知十三到二十岁的姑娘都去参选。王襄高兴地说："咳，你们看，我说要有喜事发生了，我们昭君肯定能选上，以后咱家就跟皇帝是亲戚了。"

王襄只顾自己激动，不知王昭君已放下碗筷，一个人跑回楼上去了。他不知怎么回事，忙上楼来，看见王昭君一个人对着窗子发呆，忙问："昭君，你怎么了？"

"父亲，我不愿意去参选。"

"为什么？"

这个问题显然超出了王襄的想象。

"我不想进皇宫。从书上看到多少女孩子到了宫里，一辈子都见不到皇上，老死后宫，还不如在家里自由自在地过日子。"

王襄视女儿为掌上明珠，不愿违背女儿的意愿，可是，皇命难违。他突然想到，皇上的岳父可以不听皇命，可又一想，自己还不是皇上的岳父呀，安慰女儿也安慰自己，说："昭君，你和她们不一样，我的女儿漂亮、聪明，皇上肯定会喜欢你。"

"谁稀罕他喜欢？皇帝喜怒无常，今天喜欢，明天不喜欢，喜欢时要什么有什么，不喜欢时打入冷宫。父亲难道不知道，伴君如伴虎，谁愿意和老虎生活在一起？"

王襄无言以对，可是，选宫女是必须参加的，何况，王昭君的美貌是远近数十里有名的，怎么逃得过去？

"孩子呀，皇命难违，无论如何，你得去一趟。"

王昭君一时没有别的办法，一个人抚弄着琵琶，信手弹去，也不知是什么曲子，琴声传到秋天的风里。

大臣石显奉旨选美，先到了秭归。秭归令不急着为皇上选美，先为这位钦差大臣置办了美色，石显将三名少女留在驿馆，一夜春风几度，兴奋异常。第二天，秭归令告诉石显，宝坪村有位王昭君姑娘，琴棋书画精通，是方圆百里独一无二的美人。如果王昭君选不上，秭归就没有别的美女可选了。

石显一行人来到宝坪村，不敢直接惊动王昭君，只让里正泛泛地通知一下，准备今天午后到社场上挑选。早饭之后，石显兴冲冲地率领两名仆从到河边散步，只见香溪河宽阔平缓，凤凰岭秀丽优美，知道这是块宝地。忽然，从河对面的楼上传来一阵琵琶声，幽怨、缠绵却又妙趣横生，仅凭他的音乐水准，听不出是哪支曲子，只觉得这曲子有一股特别的韵味。

石显听了一会儿，决定亲自拜访这位琵琶弹奏者，也许就是昭君姑娘。追着琴声走到一个栅栏前，石显轻轻叩了几下，从屋里走出一位老汉，正是王襄，一双眼睛打量着石显。

"老人家，我们执行公务，路过这里。口渴了，讨口水喝。"石显客气地说。但是，他的形象已经告诉王襄他在说谎，一个执行公务的人竟双手空空，连仆从都没带任何行囊。王襄意识到这一点，并没有点破，他感到，这大概就是从都城来的钦差大臣。

"客官请进。"

王襄一边让石显一行进屋，一边忙吩咐老伴泡茶待客。清茶端上来，古朴的陶制杯子，新采的绿茶，屋里散布着一阵清香。寒暄了几句，石显试探性地问道："老人家，楼上弹琵琶的是什么人？"

王襄想，果然是他，却又不知该如何遮掩，只得如实讲道：

"小女昭君胡乱弹弹乡语野曲。"

"老人家过谦了。我刚在河边行走，听到楼上琴声悠扬，韵高曲雅，才叩门打扰。请问老人家，能否让我们见令爱一面？"

王襄无奈，只得让老伴上楼唤昭君下来。

不一会儿，王昭君一身素白绸衣，袅袅而来，低首一揖，说："民女昭君见过诸位客官。"

石显一见王昭君，便像触电一般，通体麻木，待王昭君转身之间，看到她一双芳目射出妩媚而尖锐的光芒，这目光使石显一辈子都无法忘记。再回头看两位仆从，五官的位置已骤然扭曲，口角涎出一汪口水，仿佛望着一颗芬芳四溢的水果。石显收拾了一下精神，涩涩地咳了一声，把两位仆从拉回神儿，将王襄拉到一旁说：

"老人家，不瞒您说，在下正是钦差大臣石显，受皇上之托来江南选美。在下久闻昭君姑娘美貌，今日一见，果然名不虚传。三天之后，下官回京，届时将昭君姑娘带到皇宫，不知老人家意下如何？"

老汉听完，一下跪倒在地，说："大人驾到，草民不知，请大人恕罪。小女昭君是个野孩子，恐怕懂不得宫里的规矩，草民心中想高攀，可是不敢辜负了皇上的圣恩啊！"

"老人家所言差矣。下官听说昭君姑娘幼读诗书，孔信有度，琴棋书画，无所不通，老人家何必推辞呢？"

"岂敢，岂敢！只是小女脾气倔，我不敢擅自做主，需要同她商量商量再说。"

"老人家请便，我们再等一等，明天再来听您老人家的回话。"

石显一行走后，王襄急忙同昭君商议。王昭君本来无心进宫，可是，事到如今，不去也无处逃避。何况，王昭君心里也在想，以她的美貌和智慧，肯定会获得皇上的欢心，何愁没有出头之日。这样，她就点头答应了。

三天之后，宝坪村像庆典节日一样，锣鼓喧天，人们聚集在村口的码头上，闹闹嚷嚷。

今天，是王昭君离家进宫的日子。

石显一行人上了船，几名侍卫来接王昭君。王昭君正和父母告别，王襄强作欢颜，景氏已忍不住泪水，呜呜哭起来了。小昭君见父母这般模样，乡亲们热情相送，不禁一阵酸楚，两行清泪簌簌滚落。

秋天的风凉凉的，饱含着水的温润，稻田一派沉默，船夫使劲儿一推，船儿离岸了。一片海洋在翻腾。

王昭君本以为宇文成会来送行，然而，直到船出发，始终没发现他的影子，王昭君说不清心里是追悔还是遗憾。

秋水潺潺，船儿越行越远。王昭君此时还不明白，这是她和故乡永远的告别。

宫中寂寞，百无聊赖

王昭君在建章宫前下了车，一个多月的旅途使她饱受奔波之苦。正午的阳光照在建章宫的宫门前，玉石装饰的宫门在阳光下闪着白光，加上它的高大挺拔，王昭君看了有些头晕，她不相信人们能建造出如此庞然大物，她觉得人间不可能存在这些仙境般的宫阙。站在高耸入云的天门下，她感到一种说不出的威严和陌生。旁边有人提醒了一句："看什么，快进宫啊。"她才回过神来，跟着大队人马，穿过武士们的刀戟，进入宫门。

金碧辉煌的玉堂殿蹲伏在她的眼前，故乡的烽火台，也不及这玉石砌成的台阶高。王昭君以为这就是她今后要住的地方，心中不禁一阵激动：又可以凭窗望月了，她想。然而，这不是她住的地方，因为引导人并没有停下脚步。

他们穿过玉堂殿，继续朝前走。昭君看见了一座比宫门还要高出一半的高台。她还不知道这就是神明台，而台上金光闪闪地站着的铜人，一手持盘，一手持杯。昭君不解这是何方神圣，只是觉得那铜人站在如此高的台上，难免替他担心。

他们又绕过一个圆形的大池，最后在池边的一排低矮的房子前停了下来。房子太多了，昭君也数不清有多少间。这些房子被分隔成一个个小巧玲珑的庭院，分列在大池两翼。王昭君由一位四十岁左右的老宫女领着，进到一个庭院之中。

老宫女将王昭君领到正中的一间房子前，说："这三间就是你今后的卧房，北面的厢房里住着你的两个侍女，一个叫春兰，一个叫秋菊，有事你尽管吩咐她们。如果你还有什么要求，就找我好了。人们都管我叫李夫人。"

这时，春兰、秋菊从外面进来，给王昭君请安，王昭君在家什么活都是自己干，见专门有两个侍女跟着，还怪别扭的，就说："你们去吧，有事我会叫你们。"李夫人也说："你先熟悉一下这里的环境。不过，宫里有规定，一般不准跨出这院子的大门。"说罢就走了。

春兰、秋菊回到了厢房里。院子里静悄悄的，连一声小虫的叫都听不见。王昭君推开卧室的门，右边的房子里，设着一张床，床上挂一双层纱帐，外面是白纱，里面是粉色的锦帐，锦帐上描着龙凤图案，还有鸳鸯戏水，王昭君看着禁不住一阵耳热心跳。床边设一案，案上摆香炉，是团形。香团是用来冬天取暖的，外层是金属镂空圆罩，内设机关三层，中部是烧灼的火珠，香团晃动时，火珠便可在其中滚动。香团的旁边是一烛台，烛台上插着一根崭新的红烛，看来还没用过，床下放着玉制的伏虎溺器。

王昭君又来到左边的那一间，这一间里没有床，只有临窗的一案、一椅，这是书房，案上放着一堆书简。王昭君走过去，小心翼翼地翻了翻，见是《论语》《中庸》《大学》和《孟子》，还有《诗经》、屈原的辞赋。对着窗子的那面墙上，挂着一把团扇。团扇又叫合欢扇，圆如满月，用精制的纱帛制成，上面绣着一双黄蝴蝶，正在上面飞着。"春天要过去，夏天到了就用着这把扇子了。"王昭君想。墙上还挂着一支洞箫，王昭君对着洞箫看了好一阵子，车马扬起飞尘：路边站着一个英俊的吹箫人，他的洞箫吹得多么好啊！王昭君心知走到这个院子后，就等于永别了吹箫人。吹箫人还会想着她吗，她不知道。她真想摘下洞箫，吹奏一曲，转念一想，自己初来乍到，还是规矩点好，便转回右边的卧室，铺开锦被，让自己疲惫的身子先歇息一会儿。

王昭君躺着躺着竟睡着了，她实在太累了，春兰和秋菊端着晚饭进来叫醒了她。外面的天色已经黄昏，月亮还没有出来。王昭君第一次吃这么可口的菜，吃得还真不少。吃过饭，春兰姑娘抱着一沓新衣服进来，放在了王昭君的床上，说："姑娘，热水已经准备好了，请你洗浴更衣吧。"

王昭君就随着春兰进入南边的厢房。春兰将衣服放在旁边的一张小床上，带上门出去了。王昭君看到浴盆上飘浮着一层热气，透过热气，王昭君隐约看到浴盆里有几叶花瓣，怪不得这么香呢。她缓缓地褪去裙裳，迈进浴盆。她用手撩着水，水珠从她的秀发上、肩颈上迅速地滚落下来。她警觉地朝门那边望了望，大门紧闭，不会有人突然闯进来。偌大的一间房子里，只有那支红烛闪着黄色的光焰。王昭君匆匆地擦干身体，换上一件崭新的黑裙，再披上一件大红披风，从厢房里出来。

王昭君觉得那房子里太闷了，她想在院子里透口气，院子正中是一个池塘，边上有玉雕的栏杆，还有已经绿色葱茏的垂柳。"昔我往矣，杨柳依依。"王昭君不禁脱口吟道。这依依的垂柳，惹起她一片情思。这池塘，也像极了她故乡望月楼前的放生池，还有那条小鲤鱼。每想到那条小鲤鱼，王昭君的思绪就回到那个夏夜，禁不住脸上一阵燥热。王昭君努力地不去想这些，想保持一份好心情。她缓缓登上池塘边的一个小亭，亭子上有一石桌，石桌上放着一架古琴，几个绣墩错落有致地分布在亭子里的石板上。此时的王昭君忍不住伸出纤纤素手，全然忘了这是在汉朝的宫廷，弹起了一首她熟悉的曲子。随着她明快的节奏，一轮橘黄色的月亮，从她寝宫后面，悠悠地升了上来，整个庭院顿时笼罩在柔和的月辉之中。

厢房里的春兰、秋菊，听到这仙乐一般的声音，都跑到亭子里，对王昭君说："你弹得真好！以后教教我们吧！"王昭君欣然答应。又问了她们一些宫中的情况，春兰、秋菊都如实地告诉了她。她们又在外面坐了很长一段时间，月亮已经升到中天了，王昭君感到一阵凉意。这凉意虽躲在微微的春风里，王昭君还是感受到了它。

王昭君回到了房里。春兰抢先一步，替王昭君铺开了锦被。春兰是个嘴快、心灵的姑娘，今年十五岁。她见王昭君人也和气，又有才艺，便大胆地和王昭君开了个玩笑："姐姐如果有朝一日被皇上看上，我们可就不容易见到你了。"王昭君问："你见过皇上吗？"春兰很遗憾地说："没有。不过，听人说，皇上脾气很好，精通诗文，吹得一口好箫，是个风流儒雅的大好人。""他也喜欢吹箫？"王昭君问。"是的，见过他的人都这么说。当年司马姬死的时候，皇上很痛苦，整天一人在花园里吹箫，连太后也劝不动。"听到这里，王昭君怦然心动，想来这皇上倒也是个重情重义的人。

王昭君这一夜睡得很沉。在疲惫的梦中，许许多多的人交替出现，许多陌生的熟悉的场景轮番上演。她梦见了父母，他们在女儿离开后伤心欲绝，茶饭不思；她梦见了望月楼，挂在楼檐上的那轮圆月，月光的清辉洒在她身上，向她倾诉着一些话语，她一句也没有听清；她梦见香溪，梦见香溪里的小鲤鱼在沙滩上喘气，眼里含着泪水；她梦见了元帝，一位风度翩翩的君王，梦见元帝牵着她的手走进了一个有纱帐的房间，房间里有一支红红的蜡烛，元帝抱住了她，想解开她的上衣，她有些忸怩，最终还是元帝吹熄了蜡烛，他们一起钻进锦被里；她梦见了那个吹箫人，吹箫人的箫声吸引着她，蛊惑着她，她循着箫声跑出了宫门，路上的武士没有一个拦她，她看见了宫门外的吹箫人，他骑着一头高大的白马，吹箫人见她跑来翻身下马，将她抱上马背，随后他也翻身上马，紧紧地搂着她，她则紧紧地抓住那支洞箫，生怕再失去他。他跃马扬鞭，飞出了长安，飞到了一个美丽的地方……猛然间，她觉得身边有人呼唤："昭君姐姐！昭君姐姐。"原来是春兰站在身边，太阳光已经从窗棂钻到房里，泻在锦被上，使锦被上的那些龙凤图案更加惹眼。春兰说："昭君姐姐，刚进来时，看你的嘴上挂着笑，满脸的幸福，准是正做一个好梦，我不忍叫醒你，不过做好的饭菜快要凉了。"昭君这才缓缓地穿上衣裳，起床梳洗。

春兰说："我来给你梳头。"昭君问："你会梳什么花样？"春兰调皮地说："不告诉你，我这还是跟李夫人学的。"

春兰将王昭君长长的秀发向上梳起，用手挽成一个髻，又把一种膏状的东西抹在头发上，再把剩下的头发绕着发髻缠起来，然后系上，对王昭君说："这种'新兴髻'，眼下在宫里最时兴。听说当年司马姬还把髻压得偏向一边，叫'坠马髻'，把皇上迷得不行。"待梳完了，王昭君对着镜子一看，果然添出不少风韵。

见王昭君如此喜爱，春兰干脆说："我再来给你化妆。"春兰拿起眉笔，将王昭君的弯月一般的蛾眉描得更细更长，并说："这叫'远山黛'。"又在王昭君的脸上扑上一层薄粉，然后再在脸颊上略施朱色，淡淡的一层，若隐若现，就像一抹永不消逝的红云。春兰说："这叫'慵来妆'。"王昭君本来就生得肌肤细腻，身材合度，再经春兰这一番巧妆，更像仙女一般。春兰又说："皇上若见到你这娇嫩欲滴的样子，不浑身都酥了才怪。"王昭君脸色更红了，轻轻地打了她一下，说："贫嘴。"

第二章

才貌惊艳，请缨出塞为和亲

王昭君虽锦衣玉食，绮窗朱户，但不过是笼中之鸟、池中之鱼而已。汉元帝刘奭即位后，呼韩邪单于跟汉朝的关系已经很好了。公元前 33 年，呼韩邪单于再一次到长安，这次他提出了和亲的要求。

画师点痣，埋没美人

元帝虽然对这批宫女非常期待，但也不是个完全沉迷于女色的皇帝。

身为一国之君，自然还有很多国事要处理，对于这些宫女，当然没有时间来一一观看，便宣画师毛延寿来见，命令他将这批宫女的容貌一一画下来，这样，元帝就可以按图索骥，自己选嫔妃了。

毛延寿，杜陵人，人称"杜陵毛延寿"，善于绘画，花虫鸟鱼在他的笔下出现，无不栩栩如生，但他最擅长的还是画人。他笔下的女子，即使相貌平平，经过他的点染，也能神采飞扬、风姿飘逸。就是因为他有了这等绝技，才被选入宫中，成为宫廷画师的首领。宫女初进宫，都是先由毛延寿为她们画像，然后呈给皇上观看。

这一天，这些后宫的宫女终于等来了消息：皇上要派"杜陵毛延寿"前来为她们画像了。后宫之中开始人心惶惶，闹得沸沸扬扬，人人心潮涌动。

宫女们知道自己的命运全部仰仗毛延寿的画笔了，只要毛延寿在自己的画像上多下点功夫，皇上的目光便可以在自己的画像上多停留一段时间，自己的机会也就大些。想到自己这一生可能因为这张画像和这个毛延寿的画笔而改变，有心计的宫女便暗自下功夫，背地里给毛延寿送去厚礼，请他多多照顾。

而毛延寿得到这样的美差，心中好不快活！既可以浏览美色，一饱眼福，又可以收受贿赂，中饱私囊，何乐而不为呢？所以但凡有人送来财物，便欣然收下，根据来人送礼的厚重来决定画成什么样的容貌。贿赂多的，即使相貌平平，也可以列在一等；贿赂少的，便列在二等；若没有贿赂，不要说锦上添花，便只是要画出本来的面目，也是不可能的了。

这天，毛延寿高高兴兴带领十几个画工来到后宫，准备为宫女画像。刚到后宫，来求画像的宫女就络绎不绝。毛延寿往这些宫女中一看，只见胖的、瘦的、高的、矮的，什么样的都有，真是良莠不齐。有些虽然有几分姿色，但也是庸脂俗粉，没什么味道。但收人钱财，替人办事，毛延寿便开始有选择地替人画像。

画了半天，毛延寿也确实厌倦了。

正在这时，只见走进来一个美人，面如满月、肤如凝脂，行如弱柳扶风，且落落大方毫无阿谀奉承之色，和刚才的庸脂俗粉相比，简直是鹤立鸡群，站在那里，宛如月宫中的嫦娥仙子下凡一般，此人便是王昭君。

这毛延寿一看便呆住了，半天才回过神来，开始为王昭君画像。但凝视王昭君半天，又总觉得不知道从哪里下笔才好。好容易动了笔吧，又觉得怎么画也画不出王昭君的那份神韵，画像总是不如本人生动。于是画了撕、撕了又画，但还是不能画出王昭君的美貌，不觉疑惑："我毛延寿当了数十年的画师，不敢说见多识广但自信这宫中美女，也见过无数、画过无数，总是一挥而就，并没有什么难的，今天的状况还不曾出现过。不但这个姑娘的神韵气质画不出来，单单是她的面容形体，也很难把握，这画像和姑娘的容貌相比，总还是少三分神韵。"

毛延寿再看这个王昭君，温文尔雅、落落大方，至今一句话也没有说，对自己为她画像并没有什么嘱咐，心下不悦，便暗示道："美人有倾国倾城的美貌，这张图还真是不容易画，我已费尽精力，姑娘这张画，已经有七八分相似，现在只剩下润润色，便十全十美。不是在下夸口，姑娘也就是遇见我了，除我之外，姑娘恐怕即使重金悬赏，也找不出能把姑娘神韵画得更好的人了。"

毛延寿的言下之意，无非是让王昭君送些钱财，自己才肯在这"七八分相似"上加三分神韵，好呈现给皇上。说完这些话，斜眼打量王昭君，这个女子却还是不为所动，便再点化道："姑娘纵然是国色天香，倾国倾城，但无奈皇上国务繁忙、日理万机，不能亲自一睹姑娘绝色容貌，姑娘的容貌也只能依靠在下的一支画笔了，换言之，在下画成什么样子皇上就看见什么样子，在下的这支笔可是关乎姑娘的前程和家族命运啊！"

王昭君来画像之前，早就听到宫女们议论毛延寿的画技如何传神，并且也从她们议论送多重的财物给毛延寿才能让他把自己画得貌美如花的言论中，对这个毛延寿的人品有所了解。但无奈昭君素来家境贫寒，拿不出什么财物，再加上自知容貌出众，并不指望别人为自己锦上添花。况且，王昭君对绘画也有一点了解，画人本来就要画得形似和神似，若根据别人给的财物来给人画像，不是失去了画像的目的，也犯下了欺君之罪吗？

王昭君冰雪聪明，怎么能不明白毛延寿费尽心机的一番点化！只是故意不搭理他罢了。

毛延寿看见自己花费一番口舌，这个王昭君却并不买账，没有任何反应，便开始恼羞成怒，但表面上却说："姑娘的画像现在已经有七分相似了，再渲染一番，就可以呈现给皇上了，可在下今天实在是画太多了，现在也有些累了，不如我将图带回去，晚上再修饰一下，姑娘还是先回去吧。"

王昭君听完，也就不做言语，回去待命了。

毛延寿回去越想越气："这个王昭君，自恃有几分姿色，未免也太清高，太不把我放在眼里了！我就把她的画像动个手脚，让她永远别想再见天日！"毛延寿对着王昭君的画像，想着怎么动手：这么美的人，这么美的画像，该怎么下手呢？

想来想去，终于有了主意：我就在她的脸上点上一颗丧夫落泪痣，看她怎么有出头之日！

几天之后，这些秀女的画像终于画完呈现给元帝。元帝逐张翻阅品味着这些画像，突然，一张画像吸引了他的注意，这张画像上的女子美貌简直赛过天仙，却在眼睛下面长了一颗痣。元帝便问毛延寿："这张画像上的女子是怎么回事？"毛延寿奏道："此女确实精致美丽，十分端庄，但是她的脸上有一颗痣，这颗痣，俗名叫作丧夫落泪痣。这样的女子，皇上千万不要接近，否则会有性命之忧啊！"

元帝听后，大怒道："这样的女子，也胆敢进宫来！传旨下去，令此女不得靠近朕。"

毛延寿的这一笔，真的是彻底改变了王昭君的未来，她再也无缘见到皇上。王昭君固然错过了皇上，但皇上也错过了昭君。这一命运的转变，不知道谁会更后悔一些呢？

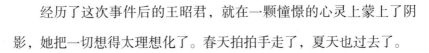

习礼笙歌，无欲无求

经历了这次事件后的王昭君，就在一颗憧憬的心灵上蒙上了阴影，她把一切想得太理想化了。春天拍拍手走了，夏天也过去了。

冬天，王昭君就躲在那小院的书房里，一手搂着香团，一手翻看着那些辞赋。好不容易又盼到春天，杨柳又招摇，飞絮又来牵惹情思，几只黄莺，叫得王昭君意乱心烦。她走出了书房，在池塘边的垂柳下，毫无目的地走来走去，清香流溢、温柔如发的柳丝轻轻地在王昭君脸上拂来拂去，春兰在院子里嬉闹着，秋菊还在亭子上练琴。走在弥漫的春风里，王昭君心中那团将要熄灭的火重又燃烧起来，然而，令她望眼欲穿的元帝，你怎么还不来呢？你又如何来理解这十八岁南国女儿的情怀呢？

笙歌从宫的北边悠悠飘来，一会儿远，一会儿近，一会儿模糊，一会儿清晰。春兰雀跃着说："太液池那边又热闹起来了！"说着伸出脑袋侧耳细听。这笙歌声就宛若一条飞蛇，在王昭君的耳际绕来绕去，弄得她无法平静。但是，一年的后宫生活，王昭君早已知道那热闹的笙歌与这小院的静寂根本就是水火不容。她索性折回书房，重又捧起那些不知翻了多少遍的书简，然而，在万物复苏的春天里，王昭君再也静不下心来，坐了半晌，一行字也看不进去。

这时，春兰闯了进来，说："李夫人来了。"李夫人是专门负责管理宫女的女官，她在这宫里生活了二十多年，知道许多宫中的秘闻，比如某某后妃又偷情啦，某某宫女自杀啦，等等，她也熟悉后宫的烦冗的礼仪，因此宫女都要经过她的训练才能见到皇上，她知道一个宫女要想晋升需要哪些门路，打通哪些关节，因此，宫女们都有些怕她。但是，她觉得王昭君是个挺有前途的姑娘，也善解人意，她很喜欢王昭君。一年来，她为王昭君说了不少好话，她希望将来有一天王昭君能成为昭仪、婕妤什么的，她也能得到升迁。

李夫人进了王昭君的房门，对她说："这么好的春光，憋在屋里太可惜了，昭君，咱们到院子里去。"一边说一边拉着王昭君往外走。出了房门，她用手挡住嘴角，对着王昭君的耳朵，神秘地说："昭君，我给你办了一件大好事。"四周望望，只见春兰和秋菊在身边，又严厉地对她们说："你们谁也不准讲出去。"

王昭君正想着心事，也无心去问。李夫人奇怪地看着她说："这么大的事，你怎么不问问我呢？"王昭君回过头，淡淡地说："您讲吧。"

李夫人这才将事情说了一遍："昭君，我给你办了一件好事——你就要高升了，这事按宫里的规矩是不准对外讲的。昭君，你虽然和皇后同姓一个'王'字，然而她会想到你吗？不过，宫里也都是这样，有人得宠，就得有人失宠。从一般宫女到婕妤、昭仪，直到正宫皇后，都希望皇上万千宠爱集于一身，因此，后妃们之间都是明争暗斗，表面上姐呀妹呀的，一团和气，实际上都怕别人得宠，没了自己的份儿。再说，这事也是，宫里真正的男人只有一个——那就是皇上，侍候嫔妃的黄门太监当然不算男人啦。皇上一个男人，却要把宠爱分成千万份，这当然做不到。所以，后妃们都用尽心计去接近皇上，去表现自己，一旦被皇上宠幸，那寂寞的日子也就熬到头啦。"

李夫人见王昭君不动声色，又问："你怎么不高兴啊，要高升了，就意味着离皇上更近了一步，接近皇上的机会就更多了一点。"王昭君说："我还不知道您说的高升是什么呢？"

李夫人这才说："告诉你，让你高兴高兴——你就要升为'美人'了！"昭君听了，也理解李夫人的一片好意，就勉强做出一个笑脸，对李夫人说："多亏了您老人家的周旋。"

李夫人见王昭君终于露出笑容，又说："升了'美人'，你就要多学些礼仪，上次我给你讲到哪儿了？"

昭君："您讲到了'德言工容'。"

这时春兰沏好了茶，放在亭子上的石桌上。

李夫人说："对，就讲到了'德言工容'。"又对春兰、秋菊说："你们也坐下，听听，这对你们有好处的。"

李夫人开始讲："'德言工容'的'德'，就是道德的德，就是女子的德行。女子的德行是什么呢？就是目不斜视，耳不旁听，口不乱问，心不乱想，一言以蔽之，就是女人要像个女人的样子。昭君，你来汉宫也快一年了，这些都不会不知道。你早晚是要见皇帝的人，一旦皇帝见到了你，喜欢上了你，你就是有盼头的人了。就要做万民之母，天下之后。这么重要的位子，无德能胜任吗？因此，昭君，既然你将要升为'美人'，就要从今天起，练习目不斜视，身不乱动，心不乱想，一旦见了皇帝，就做出那副柔柔顺顺的样子，那样皇帝就会喜欢你，就会疼爱你。"

春兰插话说："李夫人，我怎么听人讲皇上都喜爱那些眼角眉梢都含情，走起路来像风吹杨柳，说起话来像百灵啼啭那样的妩媚女子呢？"

李夫人说："瞎说！像你说的那样的狐媚子，也许能一时迷住皇上，但最后没有一个落得好下场的！你小小年纪，竟敢往这邪路上想，看我以后不教训你！"

春兰噘着小嘴，心里有些不服。

李夫人接着往下讲："讲女子的德，心不乱想，最重要！心不乱想，就是不去想那些乱七八糟的乱性的人和事，心不乱想，不是什么也不想，要想，就只能想一个人——皇帝。你一天到晚就只能存着一个念头——皇帝。昭君，你听见了吗？"

王昭君脑子里，那个吹箫人打马一晃而过，听见李夫人问她，怔了怔，忙说："听见了。"

春兰又说："我和昭君姐姐在这个院子里都住了快一年了，我们天天说皇帝呀，想皇帝呀，每天早晚都说，说得嘴上起了泡，想得心里生了病，然而，皇帝怎么还不来呢？"

李夫人长叹一口气，又板着脸说："真笨啊，咱们后宫有嫔妃美女三千人，皇帝一下子照顾得过来吗？还不是要一个个地轮吗？"

春兰又扳着手指算了算："照一天轮一个算……嗯……这三千人需要轮十年呢，那我们昭君姐姐若不走运，轮到最后，还不就快三十岁了。"

李夫人差点没笑出来说："傻丫头，正因为要一个个地轮，所以要争取先轮到啊，你昭君姐姐成了'美人'，轮得就更快了！说不定等不上一年半载的，就轮到你昭君姐姐了！"

王昭君听到这些，想笑，但是那笑容却怎么也唤不出来。她转过脸去，对着青天上的白云出神。好悠闲的云哟，王昭君的心里充满羡慕。

这时，隔壁院里孙美人幽幽的歌声飘了过来：

> 北方有佳人，
>
> 遗世而独立，
>
> 一顾倾人城，
>
> 再顾倾人国，
>
> 宁不知倾城与倾国，
>
> 佳人难再得。

歌声，伴着清越的琵琶声，丝丝缕缕，将王昭君纷乱的思绪，搅成一团乱麻。

王昭君忍不住赞叹："唱得真好，就像个纯洁无瑕的小姑娘。"

春兰说："小姑娘？她六十多岁了，听说，宣帝的时候她就进了宫，比元帝还大二十多岁。她不想皇帝吗？做梦都想，都想得忘了吃饭，都想疯了。按理，也该轮到她了，怎么她就没被轮上呢？"

李夫人说："这叫'轮空'，也就是轮不着。轮子外边的，轮子里边的，轮的，不轮的，都没有她。这你小小年纪还不懂，我看就你话多。对了，这'德言工容'的第二点，讲的就是言。言，本来指说话，不过对于女子，言，就是少说说，甚至不说话。人家说'好'，你不要说'好'，你就说'哦'；人家说'不好'，你也不要说'不好'，你就说'啊'，然而最好还是一个字也别说。所说的祸从口出，就是这个道理。女子要学会用眼神说话，这个道理你可听懂了，昭君？"

王昭君有些不耐烦，说："听见了。"

李夫人又说："有了，'德'，有了'言'，就剩下'工'和'容'了。这'工'，不用说，不重要，因为你一旦成了贵妃，就用不着自己做'工'了，不过现在学这些，你一定明白，是为了消磨时光的。'容'，就是修饰、打扮，不过打扮不是像刚才春兰说得那样，弄出那种妖狐狸的骚情样子来，勾引皇帝，而是要打扮得大方，有气度，这不用说，非常重要——"

春兰插话说："这是为了让皇帝看了喜欢。"

李夫人说："你这小机灵鬼，让你猜对了，今天讲的这些都不是我瞎编，是圣人早就说过的，有出处的，出在——出在——"

"《周礼》。"王昭君不耐烦地说，又觉得很好笑。

李夫人接过话头，说："昭君，你很聪明，书读得也多，我这辈子没啥指望了，就盼你有一天能出人头地，到时候别忘了我这老婆子就行了。好了好了，我该走了。"

昭君起身相送，李夫人将她按在绣墩上，春兰、秋菊两人恭恭敬敬地将她送出院门。

王昭君望着这青森森的宫墙陷入了愁思，从春天到冬天，北斗星的斗杓又指向东边了。白天还好一些，王昭君最怕的是晚上，宫漏的嘀嗒声敲得她心疼，孤枕上不知淌了她多少女儿泪。她怀念故乡宝坪，虽没有这锦衣玉食，绿墙红瓦，玉阶珠帘，但是，那里却有她自由的天空。她总是陷在一个相同的梦境，梦见自己披着洁白的窗帘，在这院子里冉冉升起，升得比金铜仙人还要高。接着，一阵南风吹来，将她吹到一片茫茫草原，她落到地上，在羊群之旁跑来跑去，远处传来嘹亮的歌声……

建章宫里的季节仿佛忘记了运转，即使醉人的春光也显得那么步履蹒跚。王昭君从院子的北边走到南边，再从南边走回到北边，一次次燃起希望，又一次次地眼看着这希望渐渐成灰。花朝与月夜，春色与春风，昭君都懒得去想一想，去看一看。叹息太多了，最后连叹息也没有了。就这样，春天终于还是走过去了。

这年夏天，六月十五日，元帝破例放假一天，允许宫女出院，但不许出宫。当春兰将这个消息告诉王昭君时，她激动地试了这条留仙裙，穿穿那条紫云英裙，竟折腾了一夜没睡好。

六月十五终于盼到，这天一大早，王昭君就化好妆，穿了一袭白纱裙，带着春兰、秋菊，打开院门，在宫里的池畔，穿来穿去，撒下一路欢快的笑语。

快中午了，王昭君就像出笼的鸟儿，不愿意回到那囚笼一般的小院去，她和春兰、秋菊干脆坐在大池边上的石凳上乘凉。

一片钟鼓声传来，挟着喧天的笙歌。她们一起朝热闹的地方看，见一条大龙舟从大池的那一端摇曳着朝这边划来，旁边还跟着几条小一点的船。

春兰眼尖，从石凳上跳起来，拍着手对王昭君说："昭君姐姐，快看！大船！说不定皇上就在那条船上！"

说话之间，大船缓缓地驶到了池的中央，并向王昭君她们所在的方向驶来。这时，船上的音乐仍然不断，有宫女们的歌声清晰地传来。

王昭君胡思乱想的时候，大船越来越近了。她看清了大船甲板上站立的那个人：头戴九寸通天冠，身穿日月星辰、山龙华虫等十二章彩服，湖风吹来，彩服猎猎抖动，周围一群嫔妃像众星捧月一般簇拥着他，有的蹙着蛾眉，有的蜻领低垂，有的粉靥微红，有的香气撩人，有的则像一枝带雨的梨花，有的则袅娜着杨柳的细腰。王昭君的心跳得更快了。因为她从服饰上判断，这就是皇帝。更使她坚信不疑的是，那人手上拿着一支洞箫。昭君在心里与她梦中的皇帝做了比较，梦中的那个更年轻，眼前的这一个显得更成熟，更有魅力；而且，昭君觉得眼前的皇帝比她想象的要瘦一些，然而她觉得这样更风度翩翩。她少女的心里，一直悄悄地塑着心上人的形象。

这时，钟鼓之声戛然而止。元帝缓缓地举起手中的洞箫，吹奏了一支欢快的曲子，旁边的宫女们就跟着伴唱。

在醉人的箫声和歌声里，王昭君也忘了寂寞和无聊。他的箫吹得多么好啊！婉转、悠扬、缠绵、含情。心想：如果此时此刻我坐在他身边，一定为他弹上一曲，让他高兴高兴！就在她这么想寸，箫声停，歌声落，大船转了个弯，转到别处去了。昭君这才如梦方醒，为自己刚才的欢乐而痛恨。她想：皇帝虽近在眼前，不过皇帝却并不知道有她这么一个人。

想到这里，王昭君就感到一盆冷水从头浇下，那种沁入骨髓的冷。她捂着脸，再也不愿意看到这一切，扭转身冲着那小院跑回去。打开院门，冲进卧房，趴在被子上痛哭！春兰她们觉得奇怪，一声声地呼唤她，她竟然一声也没有听见。

经历了这次打击，王昭君彻底从幻想中醒来，她不再抱着希望，不再做梦。仿佛一夜之间，王昭君看到了笼罩在温情面纱之下的宫廷生活的残忍。她要与这种无情抗争，与这种绝望抗争，她要靠自己来解救自己。

这一天，她不知从哪个角落里搜出好多书简，她贪婪地读着，找到了对话的方式：

> 新裂齐纨素，皎洁如霜雪。
>
> 裁为合欢扇，团团似明月。
>
> 出入君怀袖，动摇微风发。
>
> 常恐秋节至，凉风夺炎热。
>
> 弃捐箧笥中，恩情中道绝。

她虽然没有浸润过雨露，承受过恩泽，但她读懂了弃妇的情怀，自己不就是一个弃妇吗？躲在小院的一隅，挨过漫长的春夜、夏夜、秋夜、冬夜，孤枕的泪水重重叠叠，镜中的红颜无人怜惜。当她读到那首《长门赋》时，泪水就更加止不住地往外流：

> 夫何一佳人兮，步逍遥以自虞。
>
> 魂逾佚而不反兮，形枯槁而独居。
>
> 言我朝往而暮来兮，饮食乐而忘人。
>
> 心慊移而不省故兮，交得意而相亲。

读着读着，王昭君觉得司马相如仿佛写的不是长门阿娇，而是自己——形容枯槁、独居一隅无人问。她忘了一切，接着一口气读完：

> 抚柱楣以从容兮，览曲台之泱泱。
>
> 白鹤嗷以哀号兮，孤雌跱于枯杨。
>
> 日黄昏而望绝兮，怅独托于空堂。
>
> 悬明月以自照兮，徂清夜于洞房。
>
> 援雅琴以变调兮，奏愁思之不可长。
>
> 案流徵以却转兮，声幼眇而复扬。

贯历览其中操兮，意慷慨而自印。

左右悲而垂泪兮，涕流离而从横。

舒息悒而增欷兮，蹝履起而彷徨。

揄长袂以自翳兮，数昔日之愆殃。

无面目之可显兮，遂颓思而就床。

抟芬若以为枕兮，席荃兰而茝香。

忽寝寐而梦想兮，魄若君之在旁。

惕寤觉而无见兮，魂迁迁若有亡。

众鸡鸣而愁予兮，起视月之精光。

观众星之行列兮，毕昴出于东方。

望中庭之蔼蔼兮，若季秋之降霜。

夜漫漫其若岁兮，怀郁郁其不可再更。

澹偃蹇而待曙兮，荒亭亭而复明。

妾人窃自悲兮，究年岁而不敢忘。

　　王昭君读完了这篇《长门赋》，早已泣不成声。那阿娇尚有一个司马相如来给她写赋，可是自己呢？在那些漫长如岁的夜晚，王昭君一次次走出房间，质问天上的星月，然而星月无法怜悯她。她的相思树上开出的花朵，开了又谢，谢了又开。在这种难以忍受的孤寂中，王昭君终于决心不再去想别人，她要怜惜自己的青春，她要走出这富丽堂皇又令人窒息的皇宫。

第二章　才貌惊艳，请缨出塞为和亲

41

汉匈和亲，美了呼韩邪单于

汉宣帝末年，北方匈奴纷争不断，右贤王屠耆堂趁大单于病逝之际，趁势而起，占领属于虚闾权渠大单于的王庭和草原，自立为握衍朐鞮单于，并且将虚闾权渠单于的儿子稽侯珊收押到自己军中。握衍朐鞮单于统治草原期间，荒淫残暴，对不服他统治的单于和部族首领举兵就打，即使是迫于他的淫威臣服于他，也需要将自己的儿子押在握衍朐鞮单于的王庭中作为人质。

数年以后，稽侯珊以成亲为理由离开王庭，并迅速集结各个部落的兵力，建立属于自己的力量，被拥护为呼韩邪单于。呼韩邪单于率兵攻打握衍朐鞮单于，要夺回王庭和草原，重建自己父亲在位时草原的安定团结局面。握衍朐鞮单于灭亡以后，草原形成几支重要的力量，各自带领自己的部落和势力，相互之间征战不止，形成了相互割据的局面。

黎明到来时，一匹匹狂奔的马儿都非常疲惫了，纷纷栽倒在草丛里，骑手们也滚在湿软的青草上急促地喘息着。旭日蹿出了地平线，向着四野喷射着它的红光，草原笼罩在一片玫瑰色的光霭中。

呼韩邪单于慢慢站起，悲怆的眼眸凝视旭日，天父啊，你为什么又让匈奴的弟兄兵刃相见？为什么使血腥和杀戮降临他们中间？难道……难道匈奴人来到世上就是为了战争吗？匈奴人就是一群嗜血的虎狼吗？天父啊！呼韩邪单于站起身，举目四望，在这个生机盎然的早晨，他们失去了自己的王庭和富饶的草场，又重新开始天穹之下的流浪。

何处该是我们的归宿？

那呼屠吾斯夺得突袭的胜利后，在漠北王庭自立为郅至骨都侯单于。

呼韩邪单于率领不足万人的队伍向南茫然地行走着。

夏季过去，秋天来到，他们穿越一片片被河流山脉分割的草原沙漠。他们计算着此时第一场冬雪应该覆盖大地，可迎面吹来的秋风依旧温润而柔和，怎么回事？秋天的脚步似乎在放慢，原来他们在朝着一个温暖的地方行进！抬头看看天空，大雁们以及一些候鸟也与他们在做同一个方向的飞行。

"父王，再往前走，翻过阴山余脉，就是大汉的边塞小城五原了。"这一天，雕陶莫皋从队伍的最前面驰到呼韩邪单于身边，对他说。

呼韩邪单于勒住马蹄，眯起眼睛向远天尽处注视着，已经临近大汉了。他决定让疲惫的队伍暂时停下来，此地气候很好，是适合牲畜驻牧的冬牧场。于是，人们就在河畔溪旁支起了帐子，让瘦弱的马儿饱吃着还很翠绿的秋草，武士们猎杀了许多野物，补充劳顿的身体，还要储备过冬的食物。

大单于变得沉默寡言，几位阏氏谁也不敢惊扰他，她们知道他在考虑很多事情，他的心里无法平静。但都在想，他要引她们向何处去呢，是重整旗鼓杀回王庭，还是继续茫然地在星空下流浪？

每日，大单于面向西南站在自己的帐幕前，从日出到日落，铜像一般凝立不动，有时甚至一整天不吃一口东西，不喝一口热茶。大单于在急剧地消瘦，脸颊上的黑胡须更浓更密了。终于，他开口说话了，有一天，他将几个儿子、弟弟和部将们召到一起，对他们说道：

"我决定入汉觐见汉帝。"

"父王……"

"单于……"

人们大惊，自冒顿王指挥匈奴大军将汉高祖刘邦围困在白登山以来的二百年间，汉朝与匈奴始终处于敌对状态。当大汉国内天灾人祸、民不聊生，汉帝无暇无力对付匈奴时，就采取和亲策略，用汉家娇柔的公主和大量金银、玉器、锦绣、车马等珍贵礼物与匈奴讲和；一旦国富民强之时，立刻刀兵相见。武帝在位的那五十余年，正是大汉国力空前的鼎盛时期，那位雄心勃勃的皇帝便不断派兵北驱匈奴人：大将军卫青率三万铁骑从雁门出塞，将军李息从代郡出发，杀死并俘虏了匈奴几千人。翌年，卫青又出塞到云中以西，直捣陇西，在河南攻打匈奴属下的楼烦王、白羊王，重新划分了边界，修筑朔方城和一系列关塞，凭借黄河来固守。那时，正值匈奴军臣单于去世，伊稚斜单于继位，他便指挥几万名骑兵直捣代郡、雁门、定襄、上郡，左贤王的大军也杀进河南、朔方诸郡。之后，武帝再派卫青率六位将军、十多万军马又多次攻打匈奴，大汉年轻的骠骑将军霍去病又三番五次率部越过焉支山、祁连山、北地出塞两千余里追杀匈奴，一直打到狼居胥山，在那里祭拜了天地。

武帝在与匈奴的战争中打出了大汉的赫赫声威，打出了将军们的英名，使他们成为传世的英雄，他们是卫青、霍去病、苏建、曹襄、韩说、路博德、赵破奴等。匈奴视汉人为永久的敌人，于是，他们纷纷嚷道："我们与汉人之间有世代无法消除的仇恨，他们不会相信我们。"

"他们肯定认为这是匈奴人的阴谋，大单于，您冒险入汉域，无异于自投罗网！"

"如果不冒此险又将怎样呢？"大单于望着众人说，"广阔的大地上有的是水草丰美的草原和兽源充沛的猎场，我尽可以率我的部族去遥远的天边寻那无人居住的富饶之地，过宁静的日子，不再思忖复仇，永远放弃王庭。天父在上，匈奴人自诞生之日起，就过着逐水草而居的生活，有青草的地方就是家乡。让那凶残狡诈的呼屠吾斯在漠北称王吧！他不会让大匈奴的国民过一天安稳日子，他不会收回他贪婪的目光，他还会驱动匈奴武士的马蹄，向西去征伐呼揭国、坚昆国，向东进攻鲜卑和乌桓，向西南侵入乌孙、大宛，向南攻打汉地，只要他活着就不会止住他的马蹄和野心，世世代代的匈奴单于都是这样走完自己嗜杀的一生。可是，不！我，稽侯珊却不想如此，我要做一个与众不同的单于，我要让匈奴永息兵戈，与四邻和睦！为此，我必须向大汉求助，借助他们的力量完成统一匈奴的伟业！"

"大单于……"

呼韩邪单于仰起头注视高阔的长天，轻声说："很久以前，在我比一匹马驹还矮的时候，就隐隐地感到，天穹之上，我们敬视的天父已将某种奇伟的大业降于我身。夜深之时，我常听到上苍飘来的那伟大的召唤之声：稽侯珊，你去吧，大匈奴在等着你！稽侯珊，让匈奴结束苦难和不息的战争吧！"

"大单于，你是匈奴的太阳，你必定会完成天赋的伟业！"众人齐说。

呼韩邪单于消灭车犁后，统一匈奴东南部，与汉朝接壤。此时草原上还有屠耆和郅支两支力量，草原一分为三，形成三足鼎立的局面。三个部落都想统一草原，但又都不敢轻举妄动，担心螳螂捕蝉，黄雀在后，被第三方乘虚而入。

呼韩邪单于一心想消灭屠耆单于和郅支单于，统一草原，但呼韩邪单于的部族却处在一个尴尬的位置上：自己不起兵，别的匈奴部落却要攻打自己；自己若起兵，又担心汉朝趁机出兵，将自己一举灭掉。

匈奴所处的地带，全部是草原，不能种植庄稼，也没有匈奴最需要的铜铁等金属。以往汉匈关系和好的时候，边境地带关市大开，匈奴和汉人就在边境地带以匈奴的牛羊皮毛换取汉人的粮草金属，各取所需。而遇到两边互不往来的时候，匈奴需要的东西，便只能依靠强抢来解决，从而造成边境地带战乱不断，两地百姓也惨遭涂炭。

呼韩邪单于百般权衡、千般考虑，为了自己部族的安全，也为了两地的安宁和平，决定和汉朝缔结友好盟约，希望以此束缚屠耆和郅支的力量。

公元前53年，呼韩邪单于派他的儿子及弟弟作为先遣人员入汉。两年后，即公元前51年春正月，呼韩邪单于入汉觐见宣帝，奉藩称臣，表示永久归附。

宣帝喜出望外，却又不免心生疑虑：匈奴强悍多变，自武帝以来，无数次地施以强大武力，不能使其臣服，和亲并赠以大量珍贵物品，也无法令其与我朝修好。今呼韩邪单于被篡夺王位，出走王庭，来投我朝，他日一旦得权，会不会忘恩负义，掉转马头，杀入我边塞？再者，而今呼韩邪单于来朝是否胸怀诚意？他会不会包藏祸心，假意觐见而埋伏兵马伺机入侵我边塞城郡，抢我子民掠我财畜？

宣帝立刻做出应对部署：派遣大员——车骑都尉韩昌为专使，至五原郡边塞迎接，并于五原、朔方、西河、上郡、北地、冯翊等郡直至国都长安，沿途发兵陈列千余里，名为护卫匈奴单于，实则防范不测。

呼韩邪单于率左、右贤王，左、右谷蠡王，左、右大当户等部将入朝，这一行人只带很少的随从，并且从单于到随从，身不佩剑，甚至腰间不别一支短匕。

车骑都尉韩昌第一眼望见呼韩邪单于，心下就认为圣上的担心实在多此一举。单于的目光如此坦荡而真诚，以韩昌的人生经验，他断定此人绝对是个信守诺言的英雄。在陪伴单于赴京城的途中，他们骑马并行，彼此交谈了很多。呼韩邪单于，他真的与以往的匈奴单于不同，虽然他亦具有七尺高的身躯，腰粗六七围，一张脸被漠北的塞风吹成了一尊铜像，一双粗硬的手也一定敢于与最凶猛的虎狼搏斗，但他的眼中却没有一丝凶残粗鲁的神色，他的笑容亲切爽朗，他对汉人经过数千年的努力所获得的文明生活，对古代圣贤们的教义充满强烈的向往。傍晚在驿站住宿，韩昌伏案给夫人写家书，呼韩邪单于进来，他看着缣帛上那龙飞凤舞的字迹，竟像小孩子一样新奇而惊喜地说："喔，多好啊！把自己要说的话写成字，而你的夫人一看便明白，如同见了你本人一般！"

"是的，大单于。"

"那么，文字也能写下人的欢乐吗？"

"人的欢乐、痛苦、迷茫、愤怒，人的一切情感，一切经历过的事情，这天地万物间的一切，文字都能记述下来。"

　　"多么神奇啊！"单于感叹道，"文字能够将我们现在发生的一切记录下来，然后留给后人，就像那一捆捆竹简诉说着古时三皇五帝的贤德故事。"

　　"是的，大单于，甚至史官还会用文字记下今天，记下此时，您，冒顿王第七代子孙——伟大的稽侯珊，深明大义，胸怀宽广，气魄非凡，愿意结束汉匈两族长达千年的敌对状态，使塞北与中原成为一个和睦的大家庭，从此边塞再无烽火，永息干戈，百姓和平友好，关市畅通繁荣。历史会记住您的，呼韩邪大单于，文字会使您的功绩不朽的。"韩昌凝视他，眼里闪着激动的辉光。

　　呼韩邪单于欣喜地捧起缣帛，说："韩大人，你是说有人会把我的想法和我所做的事情用文字记在这上面，千百年后的人们读到了，就会清楚地看到今天发生的一切？"

　　"是的，大单于！人们将会看到宣帝甘露三年，呼韩邪单于终于开创了汉匈关系的新局面，分割已久的黄帝子孙，他们的双手终于亲密地挽到一起。"

　　"黄帝的子孙？"呼韩邪单于惊讶。

　　"是呀，大单于。"韩昌道，"匈奴也是黄帝的子孙，你们的先祖是夏后氏，名叫淳维，而大夏的祖先就是三皇五帝之一的夏禹，因治水造福于民而名垂千古，禹的父亲是鲧，鲧是贤德圣明的君王帝颛顼的儿子，帝颛顼的父亲是昌意，昌意的父亲就是黄帝。"

　　"韩大人如何知道得这般清楚？"

　　韩昌笑了："是文字呀，一百多年前，大汉有一位博学的太史公司马迁，他用优美的文辞写下了一部鸿篇巨制《史记》，记述了从黄帝以来每朝每代发生的事情。《史记》告诉我们，你我共有一个始祖——伟大的轩辕氏黄帝。"

"《史记》！"单于体会到了文字带给他的新奇感觉，他第一次觉得人类的文明与文字是如此紧密地关联着，他对韩昌道："可是匈奴没有文字，我们在长空下牧羊、放马，我们在茫茫草滩上永不停息地跋涉，我们不知道自己是谁，来自哪里，还要向何处去。没有谁能够清晰地告诉我们，伴随着我们的只有缥缈的传说和无休无止的草原长风。"

韩昌凝视他。

"这么说，你我原是兄弟？"呼韩邪单于热切地握住他的肩头。

"是的，单于，是离别了很久的兄弟。"韩昌道，他的眼睛湿润了。

他们互相用凝望兄弟的深情目光彼此凝视着。

入夜，他们依旧亲密地叙谈着，他们要谈的话语竟像滚流不尽的长河。

呼韩邪单于握着韩昌的手道："我们再也不是星空下孤单粗蛮的牧马人了，我们即将拥有文明，并且我们所做的一切将被文字记述下来。"

呼韩邪单于又低头去看缣帛上的字迹："韩大人，你瞧，这些文字多么有趣啊，这个字就像一人张开双臂仰天而望，还有这个，仿佛一人交岔开两腿站立在大地之上。"

韩昌走到他身边，望着缣帛道："前一个字便是天地的'天'，后一个便为'人'字。人字旁边再加上两横就念'仁'，仁爱、仁慈、仁厚、仁义、仁政、仁人君子、仁人志士、仁者见仁；而天字去掉上面的一横便为'大'，大地、大草原、大沙漠、大平原、大风、大雨、大江、大河、伟大的君王和伟大的胸怀。"

呼韩邪倾听着，怀着孩童般的真挚，全身心地品味着这美妙的文字所象征的意思，喃喃跟着他念："大江、大河、伟大的君王、伟大的胸怀。"

韩昌也沉浸在从未有过的意境里，匈奴单于的渴望和向往，使这位大汉将领的胸腔内亦激荡着一种真挚的情感。

在边塞驿站寂静的房舍内，汉将韩昌引领着那漠北草原上走来的匈奴君王迈向一种全新的境界。

呼韩邪单于至都城长安后，宣帝在甘泉宫举行盛大的欢迎会，使其位在诸王侯之上，颁给黄金铸就的"匈奴单于玺"，承认呼韩邪单于为匈奴的最高首领，这种形式同时也表明了大汉天子与匈奴单于的君臣名分，确定了呼韩邪政权是隶属于汉朝中央政权的政治、法律地位。

另外，宣帝又赠其大量贵重礼物：冠带、衣裳、玉具、剑、佩刀、弓矢、车马、丝帛等物，并遣车骑都尉韩昌和高昌侯董忠领一万六千铁骑护送单于出朔方鸡鹿塞，呼韩邪单于便在距汉光禄塞不远的草场上驻牧下来，韩昌等人奉帝命也居住此地，"留卫单于，助诛不服"。宣帝又拨调谷米三万四千斛，以资救济。

公元前43年，元帝永光元年春，呼韩邪单于与汉使者韩昌、张猛登上匈奴的诺水东山，一匹白鬃飘拂的骏马被领上来，白马亮起元宝般的四蹄，仰天长嘶着，呼韩邪单于拉住缰绳，将马儿拉向自己，抽出虎头金匕猛刺马颈，那指头粗的动脉之血喷射出来。呼韩邪单于取出用当年老单于所斩杀的月氏头颅做的饮器，接满新鲜的马血，再添加些清澈的马奶酒，以虎头金匕将酒血搅拌匀，然后，大单于奉酒向天，三人一同清清朗朗盟誓道：

"苍天在上，大地为证，自今以来，汉匈合为一家，世世毋得相诈相攻，有盗窃者，相报，行其诛，偿其物，有寇，发兵相助。汉与匈敢先背约者，受天不祥。令其世世子孙尽如盟。"

三人轮流饮下血酒。

两地缔结友好盟约后，汉朝也遵从自己的约定，迅速出兵，帮助呼韩邪单于消灭郅支和屠耆，结束草原上割据的局面。呼韩邪单于也终于重新占领王庭，成为草原上唯一的首领。

请缨出塞，惊艳宫廷

公元前33年真是个吉祥的年份，刚入正月，汉元帝就接到来自西域的捷报：那与呼韩邪在匈奴对峙二十余年的呼屠吾斯郅支单于终于被汉朝驻西域的都尉甘延寿和副校尉陈汤斩杀。这实在是个天大的喜讯，那郅支可令元帝伤透脑筋，先前，宣帝朝时，郅支看到呼韩邪单于归附大汉，深恐双方联合起来对付他，即遣使入朝奉献，并送子为质，以表诚意，且伺机大行挑拨离间之能事。后见汉朝与呼韩邪的友谊坚不可摧，朝廷又准许呼韩邪北归单于王庭，郅支无隙可乘，自度无力同日渐强大的呼韩邪相抗衡，遂率部放弃漠北王庭，西走伊犁河，破坚昆诸部，将汉使江乃始等人抓获，以其为质要求换回仍在朝廷的儿子。这时，宣帝早已驾崩，到了元帝朝，国内时常发生的天灾人祸已搅得元帝心绪烦乱，天象常见日有蚀之，天象大异。永光二年秋七月，西羌反，右将军冯奉世领兵击之，用了近半年时间才平定叛乱，十万大军死伤有半。紧接着，永光三年冬十一月，中原诸郡雨水、大雾连绵不绝，盗贼并起，横行郡国。元帝便哀叹皇天不佑自己，"阴阳错谬，风雨不时，朕之不德"！因此，元帝似乎已没有强硬的心气儿来与郅支较量，于是答应了郅支单于的要求。汉使谷永送质子还归。不料，郅支背信弃义，得到儿子后，杀掉江乃始等人，又进兵乌孙、大宛，并准备降服康居。元帝震怒了，他竟然占了大宛！那是出产千里马的地方，武帝将那里的马儿称作"天马"。为了得到天马，曾命工匠铸了一匹金马，派车令为使再另带一千斤黄金跋山涉水去大宛。大宛王收了金马却拒绝给天马，武帝一怒之下，拜李广利为将，率十几万兵马先后两次进击，费了四年工夫，损失了十万余人才最终收服了大宛，如今，却叫郅支这恶蝎吃掉。大宛在西域诸国中占着举足轻重的位置，失去大宛便等于失去了整个西域。元帝感到洪水地震固然使饥民遍地，百姓房屋俱毁，但不会夺去他大汉一寸疆土，那郅支却在遥远的地方一点点蚕食着他的疆域，此人不灭，终有一天，他会膨胀到一个可怕的程度，与大汉分庭抗礼。元帝为郅支做了许多噩梦，流了许多虚汗。如今甘延寿、陈汤竟如此轻巧地就将郅支杀了，说来也是那郅支多行不义，寿数已到，被匈奴天父抛弃。那日，甘延寿与陈汤只带了小队人马出巡，在一条无名湖边与匈奴的一队骑兵遭遇，双方一声未吭地厮杀起来。领头的匈奴人力大能搏，挥舞的长戟足有百十斤重，甘、陈二将双骑迎战，数十回合后才擒杀他，后发觉，此人原是郅支单于。

真是大快人心！不久，元帝又接呼韩邪单于的上书，言："今郅支已伏诛，愿入朝见。……婿汉氏以自亲。"

这更是一桩大喜事，郅支死了，呼韩邪单于再无劲敌，整个大匈奴属于他了，他便即刻摆出如此友好亲密的姿态，愿做大汉的小婿！元帝无比欣慰。匈奴，这北部草原的狂飙劲旅曾愁煞了历代汉帝，便是那雄才伟略的武帝为抗击匈奴也弄得"海内虚耗，伏尸流血，百姓流离，户口减半"，这纵使武帝也没法儿彻底征服匈奴啊！它曾经叫武帝用去毕生的精力，让骠骑大将军霍去病慷慨悲歌："匈奴未灭，何以家为！"而今呼韩邪大单于真心诚意入汉求亲，愿与大汉永结亲好，如此一来，大汉在元帝这一朝终于圆了边塞安宁之梦。建昭四年春，元帝传旨京师，将郅支之首级悬蛮夷邸门，告祠郊庙，大赦天下，君臣上寿置酒。翌年春正月，兴奋的元帝再将年号改为"竟宁"，取边塞宁静和平之意。

听到这个喜讯，朝廷上下一片欢腾。元帝为了汉匈和平，愿意将长公主许给呼韩邪单于。这个消息传到后宫，皇后却哭哭啼啼，不肯同意。想想也是，即使是在普通人家，为人父母的，也不愿意将自己的女儿许给匈奴，远嫁荒漠，更何况是娇贵的公主呢？

令皇后欣慰的是，皇上的这个决定也遭到朝臣的反对，有大臣反对道："皇上此举万万不可，高祖在位时，逢匈奴和亲，就从宫中挑选一个宫女，赐其公主称号，厚备嫁妆，送去和匈奴和亲，历来安稳无事。皇上仔细想想，如果真的将长公主送去匈奴和亲，两地安定和平、夫妻关系和睦还好，一旦遇上汉匈关系恶化，先受累的必然是长公主。而且，万一长公主和单于闺房反目，那么我大汉便既不能弃之不理，又不能兴师动众。因此，皇上此举不妥，皇上还是按照高祖的做法也从后宫中选一个宫女，委以公主称号，代长公主前去和亲吧。"元帝认为此话有理，便传令下去：令掖庭令在后宫中选前去和亲的女子。但是，这样的女子并不好选，因为和亲一事，首先要本人情愿，万一找一个自己不情愿，被逼无奈才前去的女子到了胡地心生怨恨，万一做出影响两地安宁的举动，就前功尽弃了；除了情愿，相貌即使不倾国倾城，也要周正一些才好。

后宫女子，长得但凡有点模样的，都宁愿在后宫做着让皇帝临幸的美梦也不愿前去荒漠，远嫁匈奴；好不容易有同意的，都是模样不怎么样，自己也觉得待在后宫没什么希望的。派这样的人前去和亲，对呼韩邪单于也不是个交代。

眼瞅着日子一天天过去，掖庭令一筹莫展。

这一天，王昭君忽然听到匈奴呼韩邪单于前来和亲，掖庭令正在后宫挑选女子前去和亲的消息。王昭君虽待在深宫中，但外面的消息还是知道一些，后宫中的人经常议论，说呼韩邪单于英勇无比，且智勇双全，有胆有识，是当今世上真正的英雄。王昭君心中忽然冒出一个念头：和亲？难道我真的要前去和亲吗？真的要前去荒漠，永远远离家乡吗？现在的生活固然是不见天日，然而如果去和亲会比现在好吗？但是，这个后宫，比牢笼还要可怕，表面上锦衣玉食，实际上却不知道有多少鲜活的生命在不知不觉中葬送了。后宫里这么多的女人，却都只为一个男人而活着，全然看不到外面的世界，那个男人是她们唯一的信仰，为此钩心斗角是她们唯一的事业。外面的阳光再灿烂，却永远照不进这个后宫来。这样的生活，总是看不到未来；但自己的一生，却又似乎一眼就能够看到尽头，自己真就这样在暗无天日的宫中了此一生吗？

王昭君顿悟："如果不去和亲，待在宫中，我就能见到父母、回到家乡吗？也许，这是命运给自己开的一扇窗，要放自己从这不见天日的后宫中出去吧？是的，应该是这样的，呼韩邪单于是命运派来的吧？那就听天由命好了。"

掖庭令正在为挑选宫女的事一筹莫展，忽然听到宫女来报，说有一个叫王昭君的自愿前去和匈奴和亲。掖庭令闻讯大喜，这个王昭君，掖庭令也见过几次，这样才貌双全的女子，简直是和亲的最佳人选，皇上和呼韩邪单于定会赞不绝口的。元帝听到掖庭令所奏，很是诧异："后宫竟然有这样深明大义的女子？自请下嫁匈奴，去塞外承受风霜之苦？好！重赏！"再仔细一想："王昭君这个名字好熟悉，在哪里见过呢？对了，这不就是毛延寿所说的脸上有丧夫落泪痣的王昭君！还好匈奴并不讲究汉朝的这些风俗，但这个女子好奇怪，朕倒要见见。传旨下去，带王昭君来见朕。"

元帝坐在殿上，但见一个婢女搀扶着一位绝色佳丽，莲步轻移，缓缓走来，人未到，却先闻到一股清香。远远望去，美人如同出水芙蓉，娇艳无比，距离越近，越是光彩照人。待这个美人走到眼前，元帝定睛一看，并没有什么丧夫落泪痣，怎么会这样？元帝问道："你真的是王昭君？"王昭君轻声答道："小女王昭君，叩见皇上。"

元帝方寸大乱："朕怎么不知道朕的后宫里有这样的绝色女子？是谁欺骗了朕？朕真的要将这个王昭君送去给匈奴吗？将这样的女子送到塞外去，岂不是暴殄天物？"

元帝便想收回圣旨，将王昭君留在自己身边。但满朝文武纷纷阻止："皇上身为一国之君，金口一开，成命难收啊。"元帝怎么能不知道这样的道理？只是不舍得罢了，但圣旨已下，反悔确实不是一国之君的所为。昭君出塞已是既成事实。

但元帝还是难以咽下这口气。这么少见的一个美人在自己的后宫里自己却不知道，竟然就这样眼睁睁地看着她去了匈奴。

正如后人在诗中所说：

汉宫有佳人，天子初未识。一朝随汉使，远嫁单于国。绝色天下无，一失难再得。虽能杀画工，于事竟何益？

红颜多情，帝王无福

退朝后回到寝宫的元帝，应酬了一天，竟毫无倦意，命黄门太监："传冯昭仪。"冯昭仪正在自己的寝宫忐忑不安，因为当初这画图索人之计即为她所出，她怕元帝悔恨，一怒之下将她治罪，一边妆扮妥当，一边思考着应对的措辞，专等太监前来传她。

果然，太监来了，说道："圣上传谕，召见冯昭仪。"冯昭仪早有准备，匆匆随太监来到元帝寝宫。

元帝正在那里后悔呢，他从头至尾将此事的全部环节想了一遍，不知道错在哪里，突然他一下子想到了那张美人图。恰好冯昭仪从外面进来了，太监们见有要事商量，悄悄退出。元帝见了冯昭仪，劈头就问："那张美人图呢？"

冯昭仪是有备而来，忙赔着小心翼翼的笑脸，说："臣妾知道陛下肯定要这张图，特地带来了。"说着从上衣袖中抽出了那张画在白绢上的美人图，恭恭敬敬地递给元帝。

元帝飞快地接过那张美人图，仔细端详了半天，又闭上眼睛回忆王昭君在大殿上靓妆丰容、光彩照人、顾影徘徊的形影，觉得判若两人。又翻翻身边那一摞美人图，再对着他临幸过的宫女的图像来看，觉得画中人都神采飞扬，宛若仙人，而临幸时却觉得不怎么出众。回过头来再看看王昭君的画像，目光呆滞，腰身臃肿，看上去比今天大殿上见着的王昭君至少老十岁。元帝登时气得脸色铁青，说不出话来。

冯昭仪见状，估计元帝已将怒气全集中在了毛延寿身上，暗自替自己庆幸。她走到元帝的身边，轻轻地说："陛下息怒，犯不上为这事伤这么大的心，依臣妾之见，肯定是毛延寿这班画工从中捣的鬼。"元帝怒气稍稍有点缓减，问道："王昭君那幅画像是不是毛延寿画的？"冯昭仪小心地说："估计是毛延寿所为，臣妾这就派人去王昭君那里证实一下。"说罢叫来贴身宫女，对她耳语一番，宫女悄悄退出。

过了一会，宫女回来了，她的汇报证实了王昭君那幅画像确实是毛延寿所画。元帝听了，再也按捺不住，下令太监："带几个武士，将毛延寿拿来。朕要亲自审讯。"

再说那毛延寿自从从宫廷接了给宫女画像这个美差，真是一步登天。原来他靠卖画糊口，实在吃不上饭时就靠徒弟们凑几个钱勉强维持生计。自从他受宫廷之命给宫女画像，他拿了一份官俸还不算，另外他自己又琢磨出一个生财之道：利用手中的这支画笔向宫女索贿。不少宫女是王侯之女，家中有的是钱财，为了使自己的画像漂亮一些，就暗地里送给毛延寿一些钱财。毛延寿得了钱财，手中那支秃笔一留情，丑的就变成了美的，脸上有点小小的毛病也就掩饰了过去。后来，毛延寿干脆向宫女索要，如果给钱，就给你画得美艳如桃花，如果不给钱，就将你画得脸若核桃，腰如桶粗。这样一来，交了钱的宫女，丑的变美了；没有钱的宫女，美的也就只好变丑了。三千多宫女画了一遍，毛延寿的钱财堆成了山。毛延寿再也不是从前那个穷酸样子了，穿着绮罗绸缎，出则车马扬扬，入则妻妾成群。邻居都觉得奇怪：这毛延寿咋了？真是士别三日，刮目相看。看不出这毛延寿尖嘴猴腮的，竟有这样的造化！言语之中充满着羡慕。

这天，毛延寿正在家里拥着美妾饮酒，几个徒弟毕恭毕敬地在一旁侍坐。那毛延寿正在那里神吹海聊："宫女们见了我，简直就跟见皇上差不多。为什么？我手里掌握着她们一辈子的前途和命运，画得好了，让皇帝看上了，一辈子不用愁了；画得不好，皇帝看不上，一辈子就得独守空房，就是哭瞎了眼，皇帝也不知道。因此，你们看，她们敢不拿出点来孝敬孝敬我吗？哈哈……不过，还真有一个女子，南郡秭归的，人长得真是赛过天仙，连我这曾经沧海的人看了都不免心动，唉，谁知那傻女竟不买我的账。好，那没办法，我就不客气了：一张丑女图送了上去，怎么样，你就在你那院子里待一辈子。哈哈哈，哈哈……"

毛延寿正在那里得意地大笑不止时，太监带着几个武士，闯了进来。毛延寿吓得直往桌子底下钻，幸亏几个美妾使劲拽住。太监轻蔑地问："你就是毛延寿？"那毛延寿早已吓得浑身哆嗦，嘴里说不出话，只是不住地点头。太监看准了，喝道："拿下！"几个武士飞身过去，像提小鸡那样，将毛延寿又干又瘦的身子提离了地面，提了过来。二话不说，转身就走。出了门，将毛延寿扔进停在门口的一辆马车上，几个武士看着他，朝未央宫飞奔而去。

元帝正坐在大殿里等着，几个武士提着毛延寿进来，将毛延寿往地上一扔，肃立在两旁，元帝厉声问道："你就是毛延寿？"毛延寿见是皇上，早已吓得魂不附体，哆嗦了半天，才说："微臣正是。"

元帝的气稍稍消了些，换了个口气，怪声地问："王昭君长得怎么样啊？"毛延寿听到这里，已明白了几分，贼眼飞快地转了几圈，仍低着头，小声答道："那王昭君的确长得很美。"

"美到什么程度？你说说看。"

"貌若天仙。"毛延寿眼皮上翻，偷偷地瞟了元帝一眼。

元帝听到这里，怒气灌顶，将案上的昭君像扔在毛延寿跟前，厉声喝道："你再仔细看看，这就是貌若天仙的王昭君？"

毛延寿见元帝真的发怒了，急忙撒了个谎："罪臣画王昭君时，正值黑夜，没看太清楚，难免草率了点，罪该万死！"

元帝听了冷笑："恐怕不是黑夜，不过是有些黑心罢了。"毛延寿听了，在地上连连叩头，像小鸡啄米那样，嘴里还不停地叨念着："臣罪该万死！臣罪该万死！"

元帝哪里还听得进去，说："好端端的一个美女，竟让你那一支臭笔糟蹋得如此丑劣，真是死有余辜啊！本来你索贿罪可饶恕，但你却活活地断送了一个美女的青春和前程，坏了朕的好事。左右，拉出去，斩首示众！"左右迅速拖了仍在地上叩头不止的毛延寿，往门外走。元帝脑子一闪，眉头一皱，觉得不妥，说了声："回来！将这厮照斩不误，就不要示众了。"武士应声出去。

元帝这样做是怕引起呼韩邪单于他们的疑心，追究起来反而不好解释。左右出去后，元帝长长地叹了一口气，稍稍好了些。

元帝杀了毛延寿，去了心头上的一个大疙瘩。他甚至有些得意：我毕竟是帝王之尊，愚弄我的人，出路只有一条，就是死。虽然他一向主张以王道治国，用孔孟之道，即位后也减免了不少刑罚，曾有过几次天下大赦，但这一次他杀了毛延寿，却感到从未有过的轻松、痛快。对付这样的无耻之徒只能用屠刀，想到这里，他又情不自禁地冷笑了起来。

但他无论如何也挥赶不去今天大殿上飒动的那个靓影。元帝一向以风流自诩，自认为还比较怜香惜玉，所以他想到那种娇艳绝、嫩柳扶风般的美丽就一阵阵地心疼，刚才杀掉毛延寿的快感很快就无影无踪。

这天夜里，元帝在床上翻来覆去，辗转反侧睡不着，想叫冯昭仪来侍寝，又觉得没情绪，头有些疼，一些画面交替出现。直到过去半夜，他才迷迷糊糊地睡着。恍惚中，有一女子在身旁轻轻地倚着他，他一翻身，揽在怀里，一阵爱抚，仔细看那脸庞，原来是白天在大殿上所见的丽人，元帝更加爱不释手，柔情缱绻。然而那女子却不想让元帝进入实质，口中说道："陛下不是将臣妾送给那呼韩邪单于了吗？一女不能侍二主，若陛下再行非礼，我可要叫了。"元帝又是爱恋，又不能得手，情急之中，一下子醒悟过来，原来是一个香艳的梦。

元帝再也睡不着，干脆拥着锦被，在床上呆坐，闭上眼睛，继续回味刚才那个甜梦。想着想着，元帝忽然清醒了："对呀，那王昭君已经被我许与呼韩邪单于了，我再胡思乱想自然属于非分了。"然而又觉得不甘心。就这样，元帝苦苦地坐着，直到窗外的鸡鸣声四起。

第二天来临，元帝起了床，草草地梳洗一遍，早膳也没吃多少。冯昭仪姗姗走来，给元帝请安。她见元帝一脸的疲倦，心里就明白了八九分，嘴里却说："陛下昨夜睡得可好？"元帝摇摇头，长叹一声。冯昭仪移动着小莲步，过来偎着元帝，轻轻地说："陛下已经杀了那毛延寿，难道还有什么心事不成？"

元帝脸上充满着悲戚，转而又变为愤怒，说道："朕眼看着一个如花似玉的妙人儿从眼皮子底下给溜走了，你说能让人不气吗？"

冯昭仪见状，又说："陛下以帝王之威，看上一个女子还不是小事。呼韩邪单于此番来朝，比不得前朝，听说那王昭君竟然自称是后庭王昭君，呼韩邪单于居然也不指出来，假装糊涂，看来呼韩邪单于不敢违抗圣命。因此，陛下若实在喜欢那女子，再换一个宫女随呼韩邪单于出塞，将王昭君留下不就是了。"

元帝说："你哪里知道，那呼韩邪单于本在大漠，见了汉家如此绝色妙女，魂都被摄了去，还许我说，日后她就是大漠的阏氏了。如此，若再掉包换一个女子，呼韩邪单于肯定大怒，那我的一番努力岂不付之东流了吗？"

冯昭仪又说："那陛下就肯看着她从你身边飞到大漠里去吗？"元帝无可奈何地说："又有什么办法呢？真是红颜薄命，帝王无福啊！"说着说着，泪水就要下来了。

王昭君呢？自从大殿上见了元帝、单于，心里就像一阵春风吹过，温暖、和煦。她回忆起三年来在这个小院里度过的寂寞的时光，不免又勾起无限伤感。三年里，陪伴她的只有这个小院，以及小院里的几棵垂柳、一翼小亭和半池碧水，还有那些书简、古琴和琵琶。她又想起她做过的那些大体相同的梦，今天在大殿上见到她的梦中人，她的内心实际上激动得发抖，那个掌握着天下生杀予夺大权的人，并不是一副凶神恶煞的样子，而是十分谦和，甚至有些男性的温柔和儿女情长，这些昭君都看在了眼里，她的少女之心为他荡漾。然而，在那样的时间，那样的地点，她又不能失态，只好从容应对，只好用一双眼睛与元帝对话。她看出了元帝眼中的愧悔，但她觉得为时已晚，看来是此生无缘了，这真是命运的安排。

那呼韩邪单于给她的印象也不坏。呼韩邪单于并不像王昭君想象中那么蛮悍、无礼，但她感到那双火辣辣的，在她脸上滚动的那硬硬的目光。她觉得她应该会喜欢呼韩邪单于的，因为若不是他来长安求亲，为她提供了这么一个千载难逢的机会，那她也许就得在那个小院里待到三十岁、四十岁、五十岁，直至最后枯萎、凋谢、死去，花落泥土，了无痕迹。因此，她觉得应该将自己的一切无私地奉献给这位迢迢千里而来的单于。但这并不表明她对元帝就绝了情，元帝毕竟是她"初恋"的情人，虽然这个情人并没有跟她说过一句话，更没有什么肌肤之亲，但是元帝占有了她的梦想，是她梦幻花园里的英雄。她因此觉得如果一走了之，今后再也无缘见到此人，今生难免是一件无法弥补的憾事。王昭君就这样，心里掂量着这两个男人的分量，可怎么也摆不正这两个男人应处的位置。

春兰过来，见王昭君陷入沉思，想问问她，又不好意思打扰她的思绪，就陪着她坐了一会儿。过了半晌，见王昭君仍不说话，就忍不住问道："昭君姐姐，你真的要跟着那匈奴大单于，远远地嫁走了吗？你走了以后，会不会想长安，想建章宫，想这个小院？"王昭君似乎无心回答，只模模糊糊地说："是的。我要走了。"

"那你愿意带我和秋菊一块去吗？"春兰又问。

"只要你们愿意跟我去，我就向皇上请求，带上你们。"王昭君道。

春兰听了，高兴地拍手。

春兰见王昭君有些疲乏，就替她铺开锦被，说："昭君姐姐，今天你去大殿见皇上和单于，一定很累了，早点歇着吧。"说罢带上门出去。

王昭君确实感到有些累了，她靠在棉被上，衣不解带就进入了梦乡，梦中人来人往，十分嘈杂，王昭君醒来，全然不记得梦中的事，她实在是有些累了。

第二天，王昭君心情渐渐变得好了。

第三天，王昭君开始收拾东西。明天到未央宫与呼韩邪单于成大礼，就要离开长安，离开汉朝，远赴大漠了。意识到这些，王昭君开始怀恋这个洒满她女儿情怀的小院，仿佛一木一石、一桌一凳都充满着深情，在挽留她。然而，她要走了。谁也挽留不住。王昭君此刻的心里一阵怅然，各种念头纷至沓来。

这一天过得真快。她已经将东西收拾得差不多了。古书要多带上几捆，因为匈奴那边毕竟不好找这些书；衣服也带上几套，这些她少女时代穿过的衣服，将来即使不穿，看一眼也是一种欣慰；最后，她忘不了最重要的那一把琵琶。九年了，琵琶弦上洒满了相思、哀怨和激情，还有泪水。她不能没有琵琶，琵琶上写着她全部的爱和恨。只要她一拨那些仿佛带着灵性的弦，所有的一切都会随着那美妙的声音联翩而至。她不能没有琵琶，琵琶是她的少女之魂。

黄昏悠悠地来了，夜晚就要来临了。"今夜该是个月圆之夜。"王昭君想。她打定主意，在这个夜里，什么也不干，只是静静地看着月亮，度过她在汉宫的最后一个夜晚。

太阳从建章宫大殿的飞檐边滑到了宫墙上，又滑到宫墙后面，沉到了地平线下，月亮这时还没有出来。

一顶黑色步辇悄悄地从未央宫的一个寝宫里出来，沿着通往建章宫的复道，疾步而来。步辇前后跟着几个穿黑色便服的人，他们步履矫健，并不时地左右看看，眼神很是机警。步辇很快就来到了建章宫，又迅速沿着大池，停在一个小院的门前，这时，天色已黑，步辇里走出一个同样穿着黑色便服的人，这个人就是元帝。元帝悄声吩咐侍从将步辇抬走，又叮嘱另外几个侍从在门边守着，然后悄然推门而入，直奔正面的卧房。

王昭君正坐在床上出神。她已吃过了饭，等月亮出来。她突然看见门口闪进一个黑影，朝她这边走过来，她吓了一跳，继而斗胆厉声地问："谁？"

元帝说："是我。"冲着王昭君温和地笑着。

王昭君一见是元帝，不敢相信，又惊又喜，愣了半晌，才扑通跪倒在地，说："王昭君没有迎接圣上，望圣上恕罪。"

元帝赶忙搀扶起王昭君，笑道："平身。这不怪你，是朕没有事先通知你。"这时春兰冒冒失失地闯了进来，她看见门口有人走动，特地来通知王昭君。

春兰闯进来，嚷道："昭君姐姐，门口好像有人走动。"说话间看见昭君身边站着一个黑衣人，她也吓了一跳，迅速将这人打量一番。王昭君见状，急忙低声提醒："春兰，还不给皇上行礼？"

春兰一听"皇上"二字，吓得两腿发软，趁势跪在地上，慌忙说："贱婢该死，冲撞了皇上。"

元帝平和地说："起来吧。"

春兰这才吓得呆立一旁，不敢出声。

元帝又对春兰说："你去端几样小菜来，朕要在这里提前给昭君送个行。"春兰仿佛获得了恩赦，一阵风溜出了门。

不一会，春兰端来四样小菜，还有一壶酒。王昭君已经点上了蜡烛，室内顿时笼罩在一片红光之中。春兰摆开酒菜，跪在一旁。元帝说："你去吧，这里没你的事了。"春兰又是叩头，告退出去。

王昭君这时已来不及细想这一切，元帝的到来完全出乎她的意料，她原本是打算独自对月，度过这汉宫的最后一个晚上的。这时，元帝说话了："昭君爱卿，今晚朕找你，实在是因为难以割舍。今晚这里没有别人，就不要拘于什么君臣之礼。"王昭君见元帝如此平和，也就大大方方地坐在元帝对面，不过头还有点低，眼睛也不敢直视元帝。

这样呆坐了一会儿，王昭君便为元帝斟酒。元帝端着酒盏，对王昭君说："是朕对不起你。"王昭君听到这里又勾起伤心往事，泪水像断线的珠子，从腮上滚落。元帝素来心善，最见不得女人眼泪，忙说："好了，那毛延寿已被我斩了，就算是朕为你出了这口气吧。"

王昭君渐渐止住了抽泣。那种娇花照水、盈盈欲滴的样子，更惹得元帝爱怜了。

元帝也是心中郁闷，三盏酒下肚，已经有五分醉意。他见王昭君仍低着头坐在那里，便说："爱卿，明日你就要远行到大漠了，喝了这杯酒，就算朕为你壮行，日后在无聊之时也好念及朕，和朕与你度过的这个夜晚。"王昭君从小到今天从没有饮过酒，便用恳求的目光望着元帝，元帝目光坚决。王昭君又想起汉宫寂寞三年，明日又要远行，就接过元帝递过来的酒杯，一饮而尽。酒太辣、太呛，王昭君脸上顿时憋得通红，一阵咳嗽。

王昭君抱了琵琶，又将墙上那支洞箫摘下来，递给元帝，两人手挽手来到院中的小亭上。

他们就坐在小亭里的绣墩上，都出神地望着那月亮，竟然谁也没有话可说。

半晌，元帝先开口，说："爱卿，这个夜晚是咱们的，莫辜负了这美丽的月色，给我弹首曲吧。"

王昭君轻拢慢捻地弹了起来，调子竟是那么忧伤、哀怨，元帝听着听着，泪水早已模糊了双眼。他举起了洞箫，和着王昭君的调子，呜呜地吹了起来，那低沉的箫声，仿佛比那如泣如诉的琵琶声还要悲伤，王昭君也禁不住失声痛哭。

一个是至高无上的帝王，一个是旷代绝伦的美人，两个人竟在这月圆之夜，双双陷入了铺天盖地的忧伤之中。

第三章

刀光剑影，千里出塞坎坷路

王昭君出塞和亲时望着漫天黄沙，孤雁南飞，不觉幽思自叹，无限感伤，便弹起琵琶，一首《出塞曲》寄托了浓厚的乡愁，声声催人泪下。在远赴匈奴的路途上，坎坷艰难，刀光剑影。

车辇隆隆，箫声惹芳心

环江是一条寂寞得快被人忘记的河流，它千百年来默默地横穿北地郡，流动着，也叹息着。

当混沌不清的夜色一点一点地从阴沉的天空中洒向大地的时候，环江哀婉的奔流声显得格外清晰。

这单调乏味的流水声飘进了昭君的车辇中，使王昭君的两名侍女——春兰和秋菊都昏昏欲睡起来。就在一个时辰以前，善于察言观色、制造热闹气氛的春兰还缠着王昭君，不着边际地询问关于匈奴生活的种种情况："公主，你说，我们去的单于王庭是不是也像长安一样热闹？那里是不是有许多雪白的金顶穹庐，里面也像未央宫一样宽敞吗？能不能在里面跳舞？"

见王昭君只是微笑，并不答话，春兰又说："听说，草原上景色非常美丽，比汉宫的大花园还要美丽，特别大，大概有一万个，不，十万个花园那么大吧。草原上还有很多骏马，跑起来比闪电还要快。公主，你说，我们是不是都要学习骑马呀？会骑马就好了，到时候我们骑上最快的骏马，一天就可以跑到长安，两天就可以跑到秭归，我们就再也不会想家了。"

说到最后几句话，春兰忽然觉得喉咙里一阵哽咽，眼泪不知不觉在眼眶里打起转来。"唉，就知道胡思乱想，骑马？单于不是骑着马吗？三次来长安迎娶公主，还不是一走就是半年？人一辈子能有几个半年？"秋菊倚着后车窗，用手支着腮帮，伤感地说。

王昭君刚刚开朗的脸色又闪过一层忧郁，她轻轻地吁了一口气，下意识地抚弄起琵琶的丝弦来。阴天潮湿的空气使琴弦的声音变得有些古怪，好像带了一点强抑不住的泣声。

这时候，只听见车外一个沙哑的声音在怒气冲冲地吆喝："废物！这么多人连一块石头都挪不动，耽误了行程，小心本侯爷收拾你们！"

一路上，这个闷声闷气的哑嗓子总是这样气势汹汹地发号施令，并且来得令人猝不及防，好像是故意想在安静的时候引起人们特别的注意。

这种吆喝显然是不大奏效的，每次都要反复多遍才能止住，更多的时候，倒是能够立即把车辇中睡思昏沉的主仆三人吵醒，惹得春兰经常探出头责怪："谁又在嚷嚷？把公主都吵醒了。"

正在兴头上的送亲侯王龙被一个侍女没头没脑地抢白几句，很想发作一番，但这里并不是长安，春兰的语音刚落，车驾前面的呼韩邪单于，车驾右侧的萧育就会循着声音，不约而同地侧目怒视王龙。

王龙只能冲着兵士低低地咒骂几句，泄一泄心头的怒火。

不过，这回王龙好像倒并没有哗众取宠的意思，车驾前方的路面正中，不偏不倚地卧着一块半人多高，足有两辆马车那么宽的青石，完全挡住了去路。送亲队伍早已散开，一百来人围着巨石，七手八脚地用臂膀、用矛、用刀，撬的撬，推的推，巨石就是纹丝不动。

好几十名膀大腰圆的将士已经累得大汗淋漓，纷纷脱去了铠甲、上衣，裸着膀子靠在巨石上气喘吁吁。

天色更加阴暗。

好像今夜只能暂时歇息在这巨石旁边了。

天边滚过一阵闷雷，隐隐约约还划过几道青白色的闪电。刺厉呼啸的冷风从不远处的密林中吹来，盘旋在一座并不高大的土山脚下，大路上尘土飞扬，山后仿佛有难以辨清的禽兽的哀鸣此起彼伏。灰白色的环江渐渐模糊在密林边上，实际上，江水和树林相距很远，夜色使景物之间的距离缩短了。

王龙策马来到巨石旁边，一边喋喋不休地呵斥着兵士，一边皱着眉头想对策。

匈奴左大将、骨突侯乌禅幕的儿子温敦，这时候无声无息地带马来到王龙身旁。尽管这个剽悍骁勇的匈奴武将从内心深处并不怎么看得起汉朝的将军，他对汉人抱有一种说不清楚的敌意，但在长安的日子里，他还是很快地在汉朝送亲队伍里找到了王龙这个意气相投的朋友。温敦总是觉得，在王昭君出塞这件事情上，他和王龙虽然立场不同，但两个人心里对这件事的看法都和其他许多人不一样，至少，他们都不像别人那样特别希望这件事进展得十分顺利。

温敦的这种心思，不仅呼韩邪单于不以为然，就连温敦自己的父亲乌禅幕也十分不理解，呼韩邪单于曾经用宽厚的话语来劝导温敦。

"冰山也有融化的时候，你对汉人的态度怎么就不能改变呢？岩石也会用热量报答太阳的照耀，你对大汉朝廷的恩泽怎么就无动于衷呢？"

温敦的固执常常使骨突侯乌禅幕暗暗担忧。乌禅幕不知道比岩石还顽固的温敦会招来什么意想不到的灾祸，他只能在心里祈求仁慈宽厚的大单于能够赦免儿子可能犯下的罪恶。

"王将军，看情形，不如禀报大单于和萧正使，就在这里扎下人马，歇息一夜吧！"温敦说话的时候，两眼紧盯着王龙的表情。

王龙本来也有这样的打算，现在听温敦说，要禀报单于和萧育才能决定，反而生出一股恶气，心里暗骂：萧育算什么东西！

"不行啊，你看，天色突变，风雨欲来。荒山野岭，公主的车驾可不能困守在这里，受露宿之苦。还是请萧正使设法除去路障，加紧赶路吧！好在北地郡不远了，顺利的话，今夜还可以安歇在北地郡行宫当中呢！"王龙用轻松的口气说完这番话，心里莫名其妙地高兴起来。

温敦似乎猜透了什么，意味深长地说了一句："北地郡的夜晚真是有意思啊！"

当萧育陪着呼韩邪单于，策马来到巨石面前时，已有几点雨滴打在萧育白净的面颊上。

萧育跳下马在巨石面前来回走了几步，又低头察看了一下路面，然后重新上了马："请单于吩咐匈奴兵将和我们送亲兵将一道，掘开路面，挖出一道深沟，然后就地把这块巨石埋在地下，路障就可以清除了。"

呼韩邪单于听了，觉得主意很妙，连忙传下令去，大家按萧育的建议行动起来。

地沟挖到一半的时候，平地刮起一阵疾风，豆大的雨点噼里啪啦地打在兵将们的盔甲上。

端坐在马上的萧育一直警觉着路旁乱草丛生的山坡上的动静，天色越来越暗了。萧育把视线移到昭君车辇的窗纱上，心里默默地说：王昭君啊，王昭君，难道这一路上，你真要历尽千辛万苦吗？

萧育握着冰凉刀柄的手是火热的。

当车辇缓缓地通过刚刚掩埋了巨石、尚不太平整的路段时，风声把一种怪异刺耳的微响送到萧育耳畔。

不好！

萧育来不及循声张望，本能地探出身躯侧在马上，用身体庇护住车辇靠近山坡的一面，宝刀带风，随着萧育的右臂闪在车辇后窗纱外。

一支闪着寒光的箭迎头撞在刀面上，迸溅出火花，当啷一声折为两截。

萧育乘势收回宝刀，正要侧脸探问车辇内的王昭君情况，眼角余光里又跃入一点亮光。

萧育双腿夹蹬带马，稍稍一撤身，探左臂，展左手，两指恰好卡住一支飞箭的箭杆。

这支箭在萧育的食指和中指间，清脆地折成两截，紧贴着昭君靠近的窗纱外边，栽落进地上的污泥中。

山坡上骤然一阵骚动，星星点点的火把次第亮起，照亮了半山腰。

火把的亮光映出送亲队伍中一张张惊恐疲惫的面孔。

号角长鸣，锣鼓交响。

萧育担心的事情终于发生了。

无数条黑影嗷嗷号叫着从山坡上冲了下来。

送亲队列在夜色中显得人单力孤，像稀稀落落的迷途羔羊遭到了狼群的包围和袭击。

当萧育在混战之中接连砍倒了几十名如狼似虎的土匪头目之

后，他才稍稍稳住了心神，手里的刀和胯下的马，似乎也显得纵逞自如多了。

看来，来势汹汹的敌人不过是些临时纠集到一起的乌合之众，尽管人多，但并不是训练有素的汉军的对手。

萧育对自己率领的这支由部分御林军改编成的护亲队伍是十分自信的，何况，还有呼韩邪单于随行带领的两三百名匈奴兵将，也都是些久经沙场、英勇善战的武士。这么一想，萧育的心情平静了许多。刀影迷离，血光迸溅，不多会儿，匪徒被杀得纷纷败退。

汉军和匈奴兵将愈战愈勇。

许多护亲兵将一鼓作气杀上山坡，把逃散的匪徒追杀得鬼哭狼嚎。

当萧育和温敦分别检点汉匈两方的兵将时，突如其来的疾雨，使他们的视野里出现了一片浓重的迷蒙。

王昭君在车辇中倾听着刀剑声、格杀声，心里闪动着一盏迎风摇曳的孤灯。直到萧育坚定镇静的声音清晰地传进窗内，王昭君的心绪才平静下来。

雨声急促。

舒缓的声音像暗夜中的明灯，使王昭君的内心感受到宽慰："公主不必惊惶，刚才蹿出一伙劫道的山贼，已被将士们击退，请公主安心。"

孤寂无依的心灵，在风雨交加的夜晚，更需要一种温情似水的关怀和抚慰，可是这些，除了萧育，还有谁能给予自己呢？

王昭君忧郁地在心里问自己。

是呼韩邪单于吗？不，此刻，呼韩邪单于早已如释重负地打马冲到队伍前面去了。他一心急着赶路，希望早些到达北地郡行宫，好让王昭君安稳地歇息下来。他是爱王昭君的，但他宽广的胸怀里没有细致入微的情思，他对王昭君的爱，正像沙漠一样，粗粝辽远，而又深沉炽烈。

王昭君的面庞在微弱的亮光的映现下，秋湖般沉静。

忽然，车辇的前方映出一片通明。车外人声喧哗，脚步声杂沓。

车辇缓缓停住。春兰一下子从梦中惊醒，急不可耐地拉开窗帘向外张望，"啊，太好了，公主！北地郡行宫到了！"

曾奉旨多次出宫征战平乱的萧育，早已习惯了连续激战、鞍马劳顿的生活，来北地郡行宫的路上所遭遇的那场小规模的厮杀，并没有让萧育感到丝毫的疲惫。

草草用过晚饭，萧育抓紧时间在行宫内外详细巡察了一遍，最后选择了行宫中央的一座小楼作为王昭君的下榻处。

萧育请昭君住进楼上正中的一个房间，自己佩刀守护在旁边的两间厢房内。

萧育已做了周密的考虑。中间一个房间，只有前后两个窗户，万一有人乘夜骚扰，也只能有两个进出通道。边上的两间厢房，有三个窗户，分别面向三个方向，自己轮流守卫在这两间厢房内，不仅可以随时留意王昭君房间的动静，也可以监视小楼四周的情况。

萧育又调集了三十名武艺出色的精壮士兵，让他们在楼下彻夜警戒巡逻。

做好安排以后，萧育走近王昭君的房门，低声说："一天车马劳困，请昭君公主早些休息。"

春兰的声音立刻回应道："萧将军也辛苦了，春兰代公主谢过萧将军，请将军也早些休息吧！"

听得出来，春兰是有意模仿萧育的腔调说这番话的。

这使门外的萧育顿时感到说不出的窘迫，虽然身为内侍的萧育几乎常年生活在宫女如云的宫中，但不苟言笑的他还很不习惯和宫女们打交道，宫中从嫔妃、昭仪到侍婢，各个阶层不同地位的宫女都看得出：萧育冷漠的外表下有一颗不甘委身为奴，更不愿意胁肩谄笑的刚正的心灵，所以大家都很尊敬、信任他。

从长安出来，一路上萧育无微不至地关怀王昭君的每一个细节，都被机灵的春兰暗暗地看在眼里了。惊诧之余，春兰也从心里为王昭君感到高兴，渐渐地，春兰已经把萧育看成了一个可以亲近的人，因此当门外萧育的话音刚落，春兰就脱口而出，打趣萧育。

"春兰，你怎么这样——"王昭君嗔怒着制止春兰。

春兰这个丫头，她只知道抢着开萧育的玩笑，却没有意识到，她这么一抢，不仅使门外的萧育尴尬不已，而且把门内王昭君心里的话也给夺走了。

这些天来，看着萧育时时刻刻悉心照顾着自己，王昭君心里充满了感激。

但现在已经不是三年前了，王昭君已经是敕封的"宁胡阏氏"了，身份的变化，使她不能当众表露她内心难以名状的感激，哪怕是用深情的眼神凝视他片刻，也不可能了。在这夜深人静的时候，隔门相对，王昭君多么想用哪怕是最普通的一句话来传达自己的感激之情。

春兰这个姑娘，你只懂得萧育对王昭君的关爱，却捉摸不透王昭君的心思。

风势渐渐平息。

雨止住了。

不知什么时候，天边居然现出淡淡的一弯银钩。

子夜时分，清寒素白的月光如雾如纱，弥漫在北地郡行宫内外。

北地郡并不算是真正的边城，但是百十年来，这里曾几度经历战乱，市镇建设得比较简陋，人口也算不上繁庶。城外四周是一马平川的开阔地，北望依稀可见大漠，南望远山如带，勾画在地平线上，一条大河从城东蜿蜒流过，东西两面都是一派萧索荒凉而又辽远空旷的景象。

作为一座兀立在旷野中的城池，北地郡不仅季节性地迎送成群结队的候鸟，而且也同样季节性地迎送着路经这里的换防戍边将士，当然，还有一些不定期出现的游商走贩光顾这里。

真正不大为人们所注意的，是作为另外一种用途的北地郡——每年的某几个按一定规则确定的日子里，江湖上各路游侠要在这里秘密集会，共同约定一些武林中人应当遵循或忌戒的盟誓。

当王昭君车驾驶进北地郡城门的时候，北地郡四周远近的旷野中游移着众多行色匆匆的身影，他们从四面八方赶来，在雨后潮湿清凉的空气中，像无声的潮水一样向北地郡城中聚拢。

这一天，正好是北地郡一年当中不多的几个神秘的日子中的第一天。

宇文成应该是第一个赶到北地郡赴约的侠客。

这倒并不是因为这个萍踪天涯的游侠对武林的公事有多么热心，相反，当他日夜兼程地从南越赶往北地郡的时候，他对盟约的事还一无所知。

他是为另外一件对他来说显然更重要的事而来的。

过去多少年，这个过早地驰骋江湖的青年奇侠，一直过着率性挥洒、云游四海的生活。彻底的自由，对宇文成来说，简直比空气和阳光还重要，他从来没有打算接受任何一个自以为是江湖泰斗的人物的控制，更不打算跻身于某一个名闻天下的武林门派，他曾经有过自己崇拜的恩师，但那位终生不肯透露名姓的世外高人已经永远地从宇文成的记忆里消逝了。

这并不是因为宇文成是个薄情寡义的人。

这是恩师对宇文成最深切的瞩望："世上万事，无始无终，源不可寻，流不可追。顺天理，心自明；逆人欲，苦难生。人生有涯，天命不息，凡事不求至明，所得方可保持久长。奢求过甚，难免形神俱伤。"

宇文成漂泊江湖多年，对师父的这席话有了更深的体验。这几句话所蕴含的深义，似乎已经成了宇文成游侠生活的宗旨和依据。

但是，二十多岁的宇文成终究不是历经沧桑的世外高人，每当夜深人静的时候，或徜徉在崇山峻岭之间，或盘桓于冰川雪峰之上，抑或隐居在僻壤荒乡的宇文成，总会禁不住思考一个永远没有答案的问题：为什么师父连个姓名也没有留下，就突然离自己而去了呢？

无数次在梦境中，宇文成看到仙风道骨、白髯飘飘的师父站在自己面前，亲手把一支奇特的长箫交给自己："忘了我，忘了我，彻底地忘掉我——"

每次这个梦都中断在同一个地方，宇文成总觉得师父有什么话还没有说完。

宇文成不相信威严而又不失慈祥的师父真是不肯留下片言只

语，就离自己远去了。

仅剩这支长箫搁在自己的枕旁。

浪迹四方的游侠多少次在幽深的暗夜里吹响这支长箫，箫声中包含了诉说不尽的愁绪和期待。宇文成不断反问自己：是不是在自由的行踪背后，还深藏着一种执着的寻觅和希望？

当宇文成在南越得到王昭君即将远嫁匈奴的消息时，这种他最不愿意直面的寻觅和希望，无形中迫使他做出了北上的决定。

游侠的生活经历使宇文成形成了凭直感行事的习惯。

他不知道是不是三年前，在从秭归到长安的路上与王昭君不期而遇的往事已经像隔年播下的种子，在自己心灵深处最薄弱的地方萌生发芽，成长为一株挚情浇溉的幼苗，一种难忘的冲动，驱使他刻不容缓地北上，追寻王昭君的行踪。

子夜过后。

月光更加皎洁明亮，北地郡城中一派宁馨。

通往行宫的大道上，一个白衣人飘然而行。

不远处的行宫里灯火摇曳，安详肃穆。

就在五天前，宇文成赶到长安，探听到昭君车驾已于三天前向北出发了。

宇文成不敢耽搁，连夜追赶。

那天夜里，宇文成在阴郁的夜色中潜入王昭君临时歇脚的驻扎地，不巧，被守在檐下的萧育发现，宇文成并不惧怕任何一个大内高手，但他不愿意在这个时候惊醒睡梦中的王昭君，更不愿意因为自己的突然出现，给王昭君本已很不平静的心湖里再投一块巨石。

宇文成乘着夜色，飞越高檐，消失在萧育的视野之中。

人虽去，心却一直牵念着王昭君。

三年前，从秭归通往长安的路上，宇文成一直暗中护卫着王昭君，用独特的方式抚慰昭君那被离愁和幽怨折磨得快要破碎的心灵。

三名不怀好意，想伺机羞辱王昭君的护行将官，不明不白地倒毙在途中荒郊。

是深沉含情的箫声伴着孤苦无依的王昭君姑娘，走完了那漫长而又短促的进宫路程。

征程万里，远去匈奴的昭君，还能听到那动人心弦的箫声吗？

宇文成隐匿着自己的行踪，但无法隐匿自己对王昭君割舍不断的眷恋，越是接近王昭君，这种眷恋就越是炽烈。

当他在暴雨将至的山路上远远目睹了送亲队伍与劫道匪徒的搏杀场面之后，他心中又隐隐涌起一丝担忧。

他决定，从今天起，他将在暗中寸步不离地守护在王昭君身旁，把安详宁馨而又温暖怡人的阳光播洒在她的身上。

一直守候在微弱月光下的萧育终于发现了令他担忧的事情：朦胧的光影中，从行宫外的三个方向上，蝙蝠般忽起忽落的暗影正沿着错落的檐顶，向萧育所在小楼逼近。

萧育感到一股凉气从后脑蹿上来。

他的右手轻轻把宝刀抽出鞘，一道耀眼的蓝光闪过屋顶，在窗棂上一晃，缩在房间的一角，停住了。

这时候，隔壁粉红纱帐当中，芳香暗飘，酣睡的王昭君轻轻翻了个身，脸上浮现出一层浅浅的笑意——梦中，她清晰地听到了那亲切的箫声。

吹箫的人，此刻已像轻柔的月光一样，飘落到王昭君的房门外。

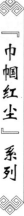

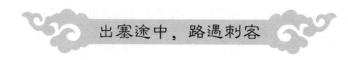

出塞途中，路遇刺客

过分的凝神注视使萧育忘记了时间的流逝，当窗外远近房顶上、密密匝匝的人影逐渐逼近行宫的时候，萧育忽然觉得心里一沉。

他急忙离开后窗，箭步跃出门外，刚要腾身越过王昭君的房门，到另一边的厢房去巡察，不料一眼瞥见门外闪过一道白影。

刀去人随，萧育挺刀冲了上去。

白影倏地一晃，像风中荷叶一样避开了萧育的刀锋，不待萧育抽刀换势，白影已经飞上了房檐。

萧育展身追上房顶，人还未到，宝刀已经脱手，挂着寒风，划出一道光亮的弧线，紧贴着白影旋了一圈，又稳稳地落到刚刚登上檐边的萧育的右掌之中。

宇文成似乎还没有领教过这么敏捷利落的身手，疏于防备，惊出一身冷汗。趁萧育立足未稳，宇文成猛地使出倒挂金钟的功夫，下房檐，顺手拽出了背后的长箫。

萧育翻手一刀，沿着檐边砍了下去，却只带出一阵风声，刚要折身下房，背后忽然觉出了动静。

萧育就势向前使了个风摆杨柳的招式，跃到斜对角的房檐上，回身探望。

只见那个白衣人已经站定在屋脊上，微微含笑，并没有继续交手的意思。

白衣人手里横着一支长箫。

箫管上冷冷地泛着紫光。

萧育正要开口问话，却一时不知从何说起。

白衣人也欲言又止。

"你是——"

夜风使两个人不约而同发出的低低问话飘忽不定。

突然，几条黑影从四个方向一齐飘上房顶。

萧育和宇文成陡然一惊。

那几条黑影大概根本没有料到房顶上已经有两个早到的人，一时也怔住了。

极其短促的沉默、凝滞。

三个方向，都是久经激战的江湖中人，他们虽在昏暗中，但借着月色，只需要一种无声无形的眼神对接，就很快明白了对方的身份和来意。

萧育还无法确认一身白衣的宇文成的真实身份，但现在他已经认定这个神秘的白衣人不是加害王昭君的敌人。

果然，当黑影聚拢到一处准备联手进攻时，白衣人已经站到了与萧育的位置对应的房顶的一角，以犄角之势，和萧育从两个方向，准备迎战那几个后到的不速之客。

萧育眼角的余光里又闪入几个黑影，差不多有十几个。

月光已经显得明朗多了，萧育和宇文成发现这伙人都身穿一样的黑色夜行衣，蒙面罩眼，像是有组织的一帮刺客或盗贼。与一般的夜行盗贼不同的是，这些人拿的兵器千奇百怪、各不相同。

宇文成急速旋转的头脑里忽然掠过思虑：莫非是他们？此刻，

萧育也正在紧张地盘算着，他希望楼下的卫队能注意到楼顶的异常动静，趁混战没有开始，把王昭君转移到更安全的地方去。最好，能让呼韩邪单于、王龙他们带兵保护王昭君，自己可尽情施展功夫，把这伙蒙面大盗迅速消灭。

但是楼下一片沉寂，隐隐约约还听得见卫兵若无其事、悠闲从容来回巡逻的脚步声，而楼上又何尝不是静得好像什么也没有发生一样？蒙面人显然是一起约集好，为完成某一件谋划已久的秘密任务而来的，他们冷静、沉稳的神态不仅表现出一种训练有素的默契和自信，而且也表明他们的行动是计划周密的。

这种时刻，这种场合，任何语言都是多余的，邻近的房顶和高墙上也陆陆续续站满了蒙面的黑衣人。

萧育和宇文成镇定地等待着一触即发的时刻来临。

这将是武功的殊死较量，是胆识和勇气的搏斗，是智慧和真情映照下的，足以展示生命力量光彩的决战。

难挨的对峙。沉默。

突然，楼下一阵嘈杂，一声惨叫传来，紧接着是刀枪撞击的声音。有人失声高叫："有刺客！有刺客——有人行刺——"

杂乱的脚步声中，王龙沙哑的嗓音格外引人注意："快禀报萧将军，快禀报大单于。来人，给我放箭，放箭！墙上……房上……快，弓弩手呢？"

高墙上蒙面人纷纷跳落院中，顿时厮杀声响成一片。

萧育不由心头一震，他侧目一看，院里的卫兵早跟一伙蒙面人混战到一处，很难调遣了。

就在这个当口，萧育忽然又发现王昭君房间的后窗泛出了灯光。

不妙！

萧育顾不得和白衣人打个照面，一个"鹞子翻身"腾身下房，就势破窗进入王昭君的房间。

一脸惊悸的春兰、秋菊正招呼着帏帐中的王昭君穿衣，没料到后窗外突然跃进一个持刀的男子。楼下喧嚣杂乱的拼杀声早已使王昭君主仆三人心神不宁起来，这时，突如其来的情景又使三个女子不由得一惊，春兰和秋菊下意识地偎到王昭君身旁。

昏黄的灯影里，萧育努力使自己的神情镇定下来。

王昭君看清来人是萧育，心神稍稍安定下来："萧将军，外面发生了什么事？"

"昭君公主，不必惊慌，外面来了几个劫财的盗贼，已被将士们抵挡住了。为防万一，请公主随我下楼，去见大单于。"萧育说罢，吹灭了灯盏。

从梦中惊醒的呼韩邪单于，不等侍卫点亮灯，就急急地摸黑穿好了衣服，提起镏金大槊，甩开大步，冲出门去。

当睡眼惺忪的侍卫把案头的灯盏点亮时，呼韩邪单于早已跳到院中，大声喝问："乌禅幕将军！发生了什么事？"

恰好风风火火跑进院子的乌禅幕上气不接下气地应声说："大单于，不好了，不知从哪里来了一伙强盗，把阏氏的住处团团围住了！"

"快带马！叫上温敦，随我前去搭救阏氏！"话音未落，呼韩邪自己已经冲进了马厩。

温敦从院外跑进来："大单于，人马已经调集整齐……"

"还啰唆什么，快领兵去后院营救阏氏！"不待呼韩邪单于发话，骨突侯乌禅幕已经瞪着眼睛厉声斥责起儿子来。

萧育的身影从房顶一角突然消失的一刹那，宇文成立即明白了情势的危急。

他决心只身牵制对面的十几名蒙面人，好让王昭君能有足够的时间离开这座杀机四伏的楼。

两个蒙面人眼看萧育翻身下去，试图尾随追击，刚一挪动脚尖，就被眼光敏锐的宇文成喝住："休走，看镖！"

其实，非到万不得已，宇文成是绝不肯轻易使用暗器的，即便要用，也总要提前给对手打个招呼。

这回，宇文成并没有发镖。

两个蒙面人闻声一惊的当口，宇文成已经幻成一道白色的闪电，从两个蒙面人的头顶闪过，只听得："咔嚓——"两个蒙面大汉还没有来得及哼一声，就已经被宇文成的长箫砸得脑浆迸裂。

两个大汉像被雷电劈断的树干一样，重重地栽到楼下去了。

众人皆惊。

蒙面人一下子在房顶上散开，摆成一个扇形阵，把宇文成围堵在房檐一角。

宇文成从容不迫，双眼平静地扫视了一圈，忽然笑了起来："可怜你们也是江湖上成名的侠士，却不敢光明磊落地做事，明月朗照，却还要蒙头罩面，鬼鬼祟祟，莫非你们都是些徒有虚名、欺人耳目的假侠客，怕凭着刀枪剑戟、斧铖钩叉也不能制服一个手无寸铁的弱女子吗？可笑啊，堂堂侠客，蜂拥而至，不是为了除暴安良、匡扶正义，却是为了劫杀一个纤弱无辜的姑娘！"

一张张蒙面黑布后面密密地渗出了热汗，各种兵刃纷纷在众人的手掌中低垂下来，有人开始下意识地伸手扯落眼罩和面罩。"宇文成！黄口小儿，乳臭未干，竟敢教训起老前辈来了！你自称游侠，向来不肯遵循武林盟约。今天的事，不烦劳你参与，你也休想阻挡我们。快些闪开，该到哪里闲逛就去哪里，不要让老前辈费心，把你砍了，反而落个难听的欺人年少的恶名！"一个须发灰白的黑衣老者，边说边把面罩扯下，丢在一旁。

宇文成并不认识这个口口声声以老前辈自居的老者，只是从老者深陷而闪亮的小眼睛里，感到一股杀气和傲气。

江湖上许多人都认识宇文成，熟知这个武功绝伦的青年游侠的种种传奇事迹，但超然世外的宇文成并不热衷于许多人孜孜以求的虚名，更不屑着意建立什么"广交天下豪杰"的关系网，所以对许多早已成名的侠客，他都毫不留意。甚至见面多次的人，宇文成也不问其名姓，等到再见时，别人早已把宇文成视若熟人，宇文成却淡漠得仿佛是见了陌生人。

许多江湖人都知道宇文成不仅形迹诡秘，而且心高气傲，似乎整个江湖上并没有几个人配放进宇文成的眼里。

正因为如此，许多见过或没有见过宇文成的侠客，都在内心深处对这个游侠怀有一种说不清楚的敌意和不服。

黑衣群侠并没有因为短短的犹豫而失掉了斗志。

也许是那个老侠客的话点燃了大家心里对宇文成郁结已久的怨恨。黑衣侠客们又一次向宇文成逼近。

宇文成根本没有期望自己的一番话会使面前的十几名对手放下武器，他只是想畅快地羞辱一下这伙人而已。

那个自称"老前辈"的老者率先冲了过来，扑面一枪，直戳宇文成的面门。

宇文成轻轻扭腰避开，把老者的枪杆就势夹在腋下，另一手挥箫顺着枪杆猛扫。

老者猝不及防，看宇文成的长箫来得快，惊得撒手扔掉了自己的枪，同时飞身后跃，乘机拽出腰间的九节钢鞭，借着往后跃的力量，凌空抡圆了钢鞭，照准宇文成的右手腕就是一招"玉女缠带"，想锁住宇文成的兵器。

宇文成见势把长箫脱手掷向半空，提气腾起，使出鸳鸯腿，从鞭影上方，攻向老者的上盘。

当老者慌得向前扑身抢步，躲避宇文成的腿时，长箫已经稳稳地落在了飘然而下的宇文成手中。

一旁观战的黑衣侠客拥上来，各挥兵刃，从四周向宇文成进攻。

宇文成索性抖擞精神，使出师父传授的"夺命箫法八十一式"，和黑衣人激战起来。

霎时间，长箫舞动，宛若惊龙遨游于碧海，紫光闪到之处，刀枪横飞，鲜血迸流。

少顷，已经有四五个黑衣人倒毙在屋顶瓦楞之上。

月光迷离的夜色里，乌黑的血缓缓地顺着瓦缝往下流淌。

不远处，又有一批黑衣人悄悄地摸了过来。

酣战中的宇文成似乎毫无忧惧的神色，他一边从容不迫地与十几名黑衣人周旋，一边还在思忖：王昭君现在怎么样了呢？是不是已经安全离开了这座小楼？

萧育掩护着王昭君主仆三人，小心翼翼地走到楼梯口的时候，院子里的激战已经到了白热化的程度。

很多汉军将士已经身负重伤，盔歪甲斜，披头散发，仍在艰苦地拼杀不止。

几名将士大概是腿上受到了重创，扑倒在石阶下、草丛里，低低地呻吟着，站不起来了。

蒙面黑衣人也伤了好几个，却显得比汉军兵将更坚强、更有夜战经验，个个身手敏捷，腾挪自如，只有从他们偶尔发出的一两声抑制不住的惊叫声中，才能知道他们也在混战中受到了无法避免的损伤。

见到这种情景，萧育心中禁不住叫苦——院里的卫士仅安排了三十名，看眼前的情势，院子里参与激战的黑衣人至少有四五十名。可是情况太危急了，不容许萧育过多的思索。他现在最急切的希望是：尽快地将王昭君主仆三人送到前院呼韩邪单于那里，那里有几百名剽悍善射的匈奴骑兵，完全可以给王昭君提供可靠的保护。

"春兰、秋菊，你们先回楼上厢房里避一会儿，我先把公主护送到前院，随后回来接你们——"

萧育话没说完，就被王昭君止住了：

"不，请萧将军先带春兰、秋菊走吧，我在这里等着，不会有事的。"昭君纤细的手指暗暗地摸了摸藏在袖里匕首的翡翠刀柄，一丝清凉倏地从指尖传到王昭君的心里，她禁不住打了个寒噤。

这把精巧美丽的小匕首，是三年前白衣游侠宇文成临别时，赠送给昭君的："昭君姑娘，这一别不知何时才能相见，我是个习武之人，身边无珠玉可赠，就把这把匕首送给姑娘吧！"

就是这把精致的匕首，在汉宫中陪伴着王昭君度过了无数个不眠的夜晚。闪着莹莹绿光的翡翠刀柄，雕着画纹的麂皮刀鞘，曾被王昭君纤嫩手指多少次轻抚。它白天经常被王昭君藏在袖中，夜晚则被搁在王昭君清冷的枕边。寂寥无人的时候，王昭君便把它放在琵琶旁，让它和自己落寞的心灵一道倾听琴声中不尽的幽怨。

现在，王昭君又一次触摸到这把小匕首，心中不禁涌起一股以前似乎很少有过的坚毅决断的感觉。

王昭君这个善良的姑娘，还不知道赠她匕首的人此刻正在楼顶，为她的安危而在义无反顾地拼杀。

萧育听王昭君这么一推辞，有点着急："公主，外面太乱，我只能一次带一个人从墙头越过，去前院……"

"公主，我们留下，你先走吧！"春兰、秋菊急得快哭出声来了。

"萧将军，不要迟疑了，请你先带秋菊走吧，她年纪还小，这几年来跟我受了不少苦……"

王昭君一边把春兰揽进自己怀中，一边抚着秋菊的肩头，示意她跟萧育快走。

秋菊忍不住流下了泪，说："公主……"

萧育看看院里的情形，汉军将士已经渐渐有些招架不住了，一些黑衣人正蜂拥着向楼梯口冲来，在石阶下遭到十几名汉军兵将英勇的抵抗。

萧育见王昭君态度很坚决，也就不再说什么了，他挥了一下手中的宝刀，示意王昭君和春兰避到楼上去，然后探出臂膀，轻轻挟起秋菊，运气提腰，一个"旱地拔葱"，风飘杨花般登上墙头。

不待院中的黑衣人反应过来，萧育早已挟着秋菊雾一般消失在月色中了。

心急火燎的呼韩邪单于打马通过曲折的石板路，直奔后院，乌禅幕和温敦在后面紧紧跟随。

"快，快！"呼韩邪单于大声的催促声使后面的骑兵队伍因为猛然加速而发生了一阵小小的混乱，几匹铁骑竟然踏折了道旁的矮树，从草地里的石几上冲了过去。

忽然，呼韩邪单于的视野里飘来了一片暗影，呼韩邪单于心里一惊。

高墙上飘落下两个人影，一条宫女的裙带在月光里飒飒地迎风抖动。

"大单于，请你照看好秋菊姑娘，我去了！"

萧育的声音刚刚传进呼韩邪单于的耳中，他的身影就又闪电般飞上了墙头。

"大单于，快去解救公主，她被围困在楼里了！"秋菊喘息未定，就抢着向马上的呼韩邪单于报信。

"不要慌张，姑娘，先到前面歇息去吧，大单于会给你带来好消息的。"

乌禅幕代呼韩邪单于招呼秋菊："不管发生了什么事，美丽的昭君公主都会逢凶化吉的！"

当萧育急切地跃上楼，跨进厢房时，王昭君正和春兰相互偎依着，多少有点惊悸地望着"咚咚"作响的楼顶，准备应对任何可能突然发生的意外情况。

"公主！春兰！快随我来！"此时此地，萧育顾不得什么宫廷礼节了，他伸出双臂，揽住王昭君和春兰，转身就要走。

屋顶一阵乱响，哗啦一声，一片碎瓦带着泥灰穿破了顶棚，砸到萧育肩上。

萧育额头渗出了冷汗。他再也不能迟疑了。

"萧将军，你快带春兰先走！"王昭君的声音因为紧张而变得有些急促带喘。

萧育似乎没有听见，他稍稍敛住心神，一较劲，把王昭君和春兰拥在怀中，又缓缓一用力把两个姑娘的身体款款托上自己宽厚的肩头。说时迟，那时快，不等王昭君和春兰说出什么话，萧育已经腾身跃到门外。

站在楼檐下，萧育迅速扫视了一下四五丈开外的青砖高墙。这时，"呼啦"一声，屋里一大片顶棚被断裂的砖瓦、梁椽压得坍落下来，一阵呛人的尘灰从门窗里弥散出来。

鏖战中的人们已经完全陷入生死攸关的苦斗之中，攻守形势的瞬息万变使不少人无暇顾及时时刻刻凝神提气、运用轻功了。房顶上的瓦片开始嘎吱嘎吱地碎裂。当宇文成施展连环腿，接连踢倒三个黑衣人时，遭到致命一击的三个人几乎同时像被人拦腰砍倒的枯木一样，狠狠地跌倒在房顶上，竟把房梁和几根椽子给震断了，房顶顿时坍落了一片。

应声弥漫起的尘灰挡住了楼顶上十几名黑衣侠客的视线，萧育乘机背着王昭君和春兰，凌空跃上楼边的高墙。

银钩似的纤月把清寒的光华倾泻在北地郡周围广袤辽远的原野上。

低啸盘旋的冷风把山野苍凉落寞的气息从城墙上方，挟进了北地郡城中，又潮水般地弥散在整个城池之中。

微明的天曙像瞌睡人的眼，含糊不清地从东方天际显映出来。

北地郡城中的百姓们似乎早已习惯了夜里经常骤然发生的激烈搏战，因此，当行宫内外响起了纷乱喧嚣的刀枪声、嘶喊声时，几乎没有一个人感到意外。

北地郡虽偏远，但北地郡的夜色是美好的。人们好像并不乐意中断月夜里甜美的酣睡，去观看那并不新奇罕见的厮杀场面，甚至连想也不愿想：这鲜血迸流、追命夺魂的格杀，是否会给他们今后的生活带来影响。

当呼韩邪单于在刀甲生辉的匈奴铁骑的簇拥下冲进后院时，萧育和王昭君、春兰的身影早已消失在月色中了。

院里的战斗已经快到了决胜的关头。

汉军将士被不断赶来的蒙面黑衣人层层包围，这些被勇气和责任感激励着的年轻武士们，大多身受重创，他们的脸上、身上都被鲜血染红，他们的体力也几乎被消耗殆尽。可是，这些一路上风餐露宿的汉军将士们，从心底深深地明白：他们是为了一颗可以当空照彻寰宇的珍珠不蒙受尘垢而向北远征的，今天，他们殊死的决战也是为了保护这颗圣洁的珍珠。这种意识渗入每一个将士的血液中，像长期以来积郁在他们胸中的那种精忠报国的壮烈情怀一样，给他们的意志里灌输了一种无比顽强的信念。他们准备为昭君公主洒尽最后一滴血，否则，即使是在冥世之中，他们的魂魄也将抱憾。

呼韩邪单于见情况危急，顾不上搭话，挺起镏金大槊，策马杀进了混战的人群中。

"诸位汉将，请闪开，单于铁骑到了！"乌禅幕从后面大声喊起来，这个久经沙场而又心地善良的匈奴老将，生怕骑兵误伤了汉军将士。

黑衣人正杀在兴头上，眼看就要把汉将彻底击溃了，不料斜刺里突然跃出一支铁甲骑兵，以迅雷不及掩耳之势横扫过来，风卷落叶般把他们冲得四散奔逃。

幸存的十几名汉军兵将借机撤到前院。

匈奴骑兵闪亮的铁甲在月光里寒气逼人，他们个个挥舞着雪亮的长刀来回突击，所到之处，光影如电，血肉横飞。急促杂沓的马蹄声在空中响成一片。许多黑衣人还未辨清逃窜的方向，就被横空飞过的长刀劈断了臂膀、削去了头颅。

呼韩邪单于一马当先，在奔逃拥挤的人群中显得分外突出，他掌中的镏金大槊在血光里舞得好像一条出水的金色蛟龙。

显然，这里的战场对于呼韩邪单于来说，是太狭小了。他胯下的战马已经习惯了伴随自己的主人，纵横驰骋于辽阔的草原上，这个过分狭小的战场使它感到十分不适应，它不时地抬起前蹄，高高地跃起，引颈长嘶。

但这并不会妨碍呼韩邪单于酣畅淋漓的搏杀。

这个曾经转战大漠，身经百劫的匈奴单于，过去是为统一霸业、平复兵变，完成自己的雄图大略而英勇拼搏。现在，他却要为自己心中最美丽、最圣洁的阏氏而战。血影寒光中，呼韩邪单于仿佛看见一片辉煌夺目的圣光正在暗夜深处闪动。

楼顶上的宇文成听到下面忽然人喊马嘶，喧声大作，不由心里一动。被宇文成一支长箫纠缠得不能脱身的十几名黑衣人，同时也觉察到楼下发生了什么不妙的变化。

稍一分神，又有一名黑衣人被宇文成的长箫扫中后背。那人向前抢出两步，只觉胸口发闷，眼冒金星，一下站立不住，倒头栽下楼去，只把一声随鲜血喷出的惨叫留在空中。

旁边两个黑衣人禁不住一惊，猝不及防肋间又中了宇文成的两记连环腿。

"啊呀——"两条黑影分别从两个方向飞起来。

宇文成身影一晃，凌空跃起，挥箫截击。两个晕头转向、被抛在半空的黑衣人还没有回过神来，又当胸遭到重重一击，顿时魂魄出窍，血光迸溅，跌下楼去。

黑衣人见势不利，纷纷撤回兵器，作势欲逃。

宇文成提气拧腰，闪电一样飞身跃在众人上方，使出"撒手夺命箫"的绝招，抢起长箫，居高临下，猛击众人要害。黑衣侠客虽然因为阵势已乱，有点慌张，但他们毕竟是历尽恶战的高手，面对宇文成凌厉的进攻，他们并不惊骇，而是一面沉着应战，一面伺机脱身，以图再战。

一声呼哨，黑衣人从三个方向上同时朝宇文成打出暗器，一支银镖，一把峨眉刺，一块飞簧石，呼啸着飞向宇文成上中下三路要害部位。

宇文成辗转腾挪，旋风般避开暗器。

刹那间，四五个黑衣侠已经夺路跃下楼顶，一眨眼消失在月色中。

宇文成加紧了攻势，竭力牵制住剩下的八九名黑衣人。

又一声急促的呼哨，八九支银镖挂着风声同时射向宇文成。

宇文成敏捷地跳到半空，挥长箫拨打银镖，火光迸溅，镖头应声折裂、落地。黑衣人风卷残云，四散逃去。

宇文成披着月色，展身如燕，盯住几个为首的黑衣人的背影，风驰电掣般追了上去。

霎时间，迷离的夜色重又把寂静罩在楼顶上，破碎的瓦片、塌落的房顶，仿佛困乏过度的人一样，猛地跌入了昏沉的迷梦之中。

一道白影挟着寒光，横空划过巍峨的宫阙上方，骤然落在后院小楼的门廊上。

正当呼韩邪单于率兵杀退了黑衣人，准备检点战场时，他眼帘里忽然闪进一道火光，惊得他失声大叫了一声："啊——"一簇簇耀眼的火苗从楼顶呼呼地蹿出来。

噼里啪啦的响声中，烧焦的房梁、门窗纷纷断裂、崩塌，砖瓦碎石哗哗地滚落下来，在呼韩邪单于马前弥漫起阵阵尘灰。

呼韩邪单于扔了长槊，甩蹬下鞍，箭步冲上烈焰熊熊的楼梯。

惊恐不已的乌禅幕一把没拉住呼韩邪单于，急得叫起来："温敦，随我来！"

当大火被匈奴将士合力扑灭的时候，汗流浃背的萧育正好急匆匆地从前院赶来。

因为没有找到王昭君，呼韩邪单于懊丧不已，发誓要连夜发兵追杀黑衣大盗。

这时，萧育走了过来，"大单于，昭君公主安然无恙，已在前院安歇了。"

呼韩邪单于听了，不由得喜上眉梢，心里暗暗感谢这个青年汉将的精明强干。

随萧育赶来的春兰、秋菊连忙跑上楼去检点随行物品。

送亲队伍携带的大批物资，统一由萧育和王龙负责押送、看管，只有少量的衣物、用具由王昭君身边的侍婢随身携带。另外，一路上穿关过卡，借以获得途中各地官府、守军提供的各种便利、招待的御赐金牌，也由王昭君随时带在身边。

无可否认，御赐金牌是最重要的，它不仅是送亲队伍赖以证明身份的凭证，也是送亲队伍顺利出塞的关键保证。

然而，突如其来的变故使王昭君在仓促间，忘记把压在枕下的金牌带出小楼了。

激战平息后，骤然宁静的气氛使月光下的人们感到了一种难以言表的轻松。

烽烟血雨，塞上风云

暮色尚未完全被黑夜吞没的时候，旗幡招展、兵甲生辉的送亲队伍，已经在上郡守备引领的欢迎人群的簇拥下，开进了上郡城。

跨在马上的萧育，内心虽然还残留着一点因为没有生擒白衣人而生出的遗憾和懊丧，但在最后追击白衣人的时候，偶然发现白衣人遗失在地上的一件东西，却使萧育意外地欣喜起来：这件东西，正是连日来一直让萧育牵念在怀的金牌！

那天，在河岸边，当他一眼瞥见白衣人的背影时，他几乎是下意识地联想起在北地郡行宫夜战的情景，难道那个行踪诡秘的白衣侠客又一次出现了吗？他为什么穷追不舍？看样子，他并没有加害王昭君的意图，难道他是为了提醒我们注意可能即将发生的什么不测变故吗？可是，为什么他又总是不肯显出真面目，甚至，连从从容容打一个照面，对他都好像是唯恐避之不及的祸端？他到底是什么人？

然而，当萧育在夕阳余晖中清晰地看到这个白衣人的面容时，满腹疑问顿时坠入了更加昏暗的深渊。

面前这个瘦削的白衣青年，尽管和在北地郡行宫出现的那个白衣人穿着几乎一样的装束，并且也以另外一种神态显示出英俊干练的风度，但他显然不是先前出现过的那个人。

不仅如此，当萧育和这个白衣人当面交手时，萧育发现这个人手执的兵器是一把金色的宝剑，而不是长箫。

交战之中，萧育虽然明显地感到面前这个白衣人身法不及在北地郡行宫遇到的那个白衣人敏捷，但从他怪异险绝的剑法当中，萧育却感觉到了更加咄咄逼人的气势和毫不隐藏的杀机。

丰富的实战经验提醒萧育：眼前的这个对手是一个不可掉以轻心的劲敌。

奇怪的是，几十个并没有分出胜负的回合之后，那个白衣人似乎是故意卖了个破绽，败了下去。

萧育清楚地知道对手可能另有打算，但是萧育艺高胆大，生擒白衣人的急切心情促使他不顾一切地追了上去。

白衣人逃去如飞。

萧育如影随形，紧追不舍。

忽然，萧育敏锐的目光发现白衣人极其迅速地回视了一下。

萧育警觉地闪了闪身，以防被对手发出的暗器所伤。

但是，并没有什么暗器飞过来。

一刹那的耽搁，白衣人得到了脱身逃走的机会。

萧育压刀猛追。

一丝细微的响声飘入萧育的耳中，他定睛一看。

白衣人身影闪动处，一块金色的漆牌飞落进草丛里。

当萧育带着几分惊喜捡起金牌时，白衣人早已无影无踪了。

正是因为金牌失而复得，才使送亲队伍受到了上郡军民空前热烈的夹道欢迎。

但是，片刻的喜悦并没有使萧育获得一种如释重负的轻松感。

夜幕笼罩中的上郡行宫显得格外森严。

在听完送亲侯王龙关于北地群行宫遇险的情形的讲述之后，上郡守备果断地决定：派出一万名兵将，在行宫里里外外层层设防，同时，在上郡城墙上和街道上还增加了比平时多一倍的游动哨兵。

呼韩邪单于谢绝了众人请他休息的建议，坚持要亲自为王昭君守夜。

二百多名匈奴铁骑被单于的行动所感染，也主动追随着呼韩邪单于，一起守护在王昭君房外。

萧育安排好伤病将士，让他们放心休息。随后，萧育精心挑选了三百名精兵，布置在行宫内外。

一轮明月在云海里穿行。

上郡东南边，莽莽苍苍的五龙山像一个脸色阴郁的老人一样，蹲踞在辽阔平坦的原野中。

山上茂密的松林在夜风的拂动上下，发出涛声般的轰鸣。

寂寞的五龙山出现在一马平川的荒野上，这本身就显得有点突兀，加上漫山遍野草木繁盛，就越发显得与四周荒芜苍凉的旷野不协调。

实际上，看似孤零零的五龙山并不像人们所想象的那样，是一个人迹罕至的地方。相反，昼夜不息、往来出入的身影几乎每时每刻都出没在五龙山的各个角落。

盘踞在这里已有十七年之久的一支绿林队伍，在一个月前，刚刚经历了一次并不成功的远征行动，这两天又迎来一批不速之客。

正是这些不请自来的远方客人，把三十天来一直笼罩在五龙山人心头的阴霾一扫而光。

尽管还没有出现什么明显的、可以预示巨大胜利的可靠征兆，但新的来客给五龙人带来了比花岗岩还坚定的信心、比阳光还明朗的希望。

地处边塞，既是五龙山的这支绿林队伍得以不断壮大的重要保证，又使这支队伍具有了一些与别处的绿林队伍不同的特点。

这支队伍是由汉人、匈奴人和西域人组成的，因而队伍中并行着三种各有差异的绿林规矩，队伍中的所有成员都深谙三地的民风、民俗，熟知三地的人文、地理状况，精通三地的语言，甚至有不少人还擅长操用每一地的各种不同口音的方言，这支队伍的势力范围纵深延展到南部的关中、北部的匈奴和西部的西域三地。

正是这些独特的组织、活动方式，确保了这支队伍久战不衰的发展态势。每当遭到严重挫折的时候，他们也常常能够凭借得天独厚的地理位置，迂回游弋的辗转迁徙，而比较容易地避开朝廷各方面军队的正面打击，保存实力。

事实上，十七年来，五龙山的这支绿林队伍一直处于持续不断的发展之中，他们得心应手地从各地攫取、掠夺他们所贪求的一切财物，有恃无恐地掳掠、贩卖各地的人口。

一开始，这支主要由草原各方面流亡来的奴隶组成的队伍，还能够凭借自己的力量，做一些杀富济贫、扶危助困的事情，一度也曾得到了各地穷苦百姓的信赖和支持。但随之即来的大规模的扩编，使这支队伍在很短的时间内，成了一个鱼龙混杂、藏污纳垢的组织。

这种变化很快孕育出了纪律松懈的恶果。

于是，不分青红皂白的烧杀抢掳渐渐成了这支队伍的家常便饭。

他们不久就成了一支地地道道的土匪武装，一支无恶不作而又无人可敌的、罪恶的武装土匪。

近年来，伴随着这支绿林队伍内部的不断分化和斗争，各地官府的势力开始渗透进五龙山。

各怀心事的几个首领经常率领自己的部下，远涉千里，去参加汉、匈奴、西域各地官府之间的权力纷争，使这支绿林队伍，在某种程度上，沦为权贵之间相互倾轧的工具。

当然，也常常发生这样的事：唯利是图的五龙山人往往不加考虑地接受肯出重金的雇主的调遣，结果使他们像随风飘荡的流沙一样，游走不定、反复无常。在旁人看来，简直成了忘恩负义、毒如豺狼、连猎狗都不如的刽子手队伍。

当这种事情接连发生了多次以后，对五龙山人马满含怨恨和不满的传言像旋风一样吹遍了大漠、旷野，甚至还吹到了关中北部的一些地方。

狼藉的名声对绿林队伍来说，无异于致命的毒瘤。

五龙山的这支队伍，因为丧失了绿林人最看重的信义，而变得有点臭不可闻了。

进山入伙的各方豪杰日渐稀少了。

来自各地的请战密信也像夏天里的雪片一样罕见。

困顿的五龙山，陷入了巨大的绝望之中。这种绝望，是灭顶之灾到来之前的一个信号。

各方面传来的消息，几乎都在证实着同一个事实：环绕五龙山三面的关中、匈奴和西域的守军正在秘密协商，准备在不久的将来，寻找合适的时机，从三面同时发兵，进攻五龙山，从而一举捣毁这支久剿不灭的土匪队伍的老巢，根绝后患。

这年初春，冰河还没有开始消融，枯草还没有开始泛青，从五龙山北部忽然传来一条耸人听闻的消息：匈奴呼韩邪单于率领骨突侯乌禅幕、左大将温敦等近万兵铁甲兵将，从单于王庭出发，一路马不停蹄，正朝上郡方向杀来。

上郡东南的五龙山里，顿时像凌空炸响了一个闷雷，所有的人一时都怔住了：难道匈奴真的发兵来消灭我们了吗？怎么来得这样突然？并且还由呼韩邪单于亲自挂帅？难道匈奴人已经立下血誓，不把五龙山彻底荡平，绝不罢休？

一万人马，本来不算什么值得吃惊的敌手，但是匈奴铁骑的骁勇剽悍，在大漠内外是享有盛誉的，尤其是呼韩邪单于麾下的这支铁骑，在平定草原叛乱、统一匈奴部族的连年征战中，屡屡建立奇功，无数次传奇般的胜利战绩使大漠四方的人们无不心悦诚服地相信：这支铁骑中的每一名兵将都是能够用以一当十的气势，压倒任何劲敌的。

想到这些，五龙山人的心情黯淡无光。

所幸的是，不久传来了更为确切可靠的消息，使五龙山人感到他们先前的一切忧惧和担心都是不必要的。

原来，南下的匈奴单于并没有出兵征战的意图，他带领三百兵随身铁骑，运载着一批贺礼，风尘仆仆，日夜兼程，是为了赶到汉都长安晋见汉元帝，同时第三次提出与大汉宗室联姻的请求。

平白无故受了一场惊吓的五龙山人，心神安宁下来，转念一想，又有点恼怒。

他们暗暗咬牙，对一提起来就让他们闻风丧胆、心惊肉跳的匈奴单于，渐渐生出一股说不清楚的痛恨。

许多人跃跃欲试，提出劫杀匈奴求亲队伍的建议。

五龙山队伍里的匈奴首领呼木尔，是一个老谋深算的中年人，他平时总是像一块山岩一样沉默，但熟悉他的人都知道，在这块冷漠的山岩内部，奔突着比岩浆还要难以捉摸的灼热的激流，他像鹰隼一样洞察着山里山外的风吹草动，他的胸怀里总是包藏着盘根错节、连环缠绕的谋略。这时候，众人激动的吵嚷引起了他的不快："吵些什么？"

只这低沉的一句似问非问、似斥非斥的呵止，就使拥挤、喧闹的聚义厅里顿时安静下来。

"谁要去劫杀单于？谁能提回单于的头来？谁能抵挡得住火焰一样蔓延燃烧起来的、复仇的匈奴铁骑？"

大厅里无人敢应。

"退下去！不要再让无耻的狂言迷乱你们的头脑！"

垂头丧气的人们默默地退出了聚义厅。

一丝不易察觉的冷笑从呼木尔脸上掠过。一个更为阴险毒辣的计划，早已在呼木尔心里形成了。

两天后，呼木尔突然调集了两千五百名精壮的兵卒，组成一支队伍，开始严格的训练。人们一时猜不透其中有什么秘密。

两个月过去了。

一天，当夜幕刚刚降临的时候，呼木尔阴郁的脸庞，在火把闪动不定的光亮的映照下，出现在聚义厅外的高阶上。

高阶下，两千五百名身着黑衣的兵卒肃然站立，雪亮的朴刀在黑衣人队列中暗暗闪光。

"勇士们，锋利的宝刀就要在战斗中闪出异彩，把你们激昂的斗志拿出来，在恶战中完成你们的心愿吧！"呼木尔有点激动的声音在夜色中缓缓流转。

"三天内，你们必须疾驰千里，到达北地郡东南的荒岭，秘密埋伏下来，等待汉朝的送亲队伍来到。你们务必先设下路障，阻挡他们的去路，然后趁其不备，发起猛攻，一战击溃汉匈联军。听说王昭君美艳惊动了汉宫，想必有超凡的姿色，你们不要伤她，千万要设法把她掳掠到手，然后火速送回山寨。谁能生擒王昭君，并保她一路安然无恙到达寨中，谁就可以做五龙山第四位并肩寨主，与我和汉、羌二位首领平起平坐，礼同兄弟。送亲队伍中的其他汉匈将士，一律格杀勿论。想那骄横一世的呼韩邪单于，为美人所累，也无法施展出浑身的本领，你们可以合力将他就地射杀，砍下头颅来见，借此机会，正好挫一挫匈奴的锐气，说不准，我们还可以乘势引军北进匈奴，直取单于王庭呢！到那时，匈奴部族丰美的草原、肥壮的牛羊、多情的姑娘，就尽归我们所有了！"

一番话，点燃了黑衣勇士们心中狂野的欲火。他们握着刀柄的手，在黑暗中，因为激动而突突颤抖起来。

天有不测风云。呼木尔殚精竭虑、周密筹划的如意算盘，一夜之间被萧育机智果敢的反击彻底粉碎了。

希望，在一瞬间幻成了无比可笑的泡影。

荒岭夜战发生时，呼木尔正带着掺有几分惴惴不安的暗喜，独自一人，在五龙山的一间密室里，与孤灯对坐，款款地举杯饮酒。

翌日午后，当狼狈得叫人感到有点可笑的残兵败将，一路风尘地跑进五龙山聚义厅哀号着向呼木尔报告荒岭夜战失利的消息时，呼木尔像被人兜头猛击了一闷棍似的，惊得说不出话来。

呼木尔一时辨不清自己心里是什么滋味。是懊悔？是怨恨？还是彻底的沮丧和失落？

呼木尔沉静的面容禁不住抽搐了几下。他不知该说些什么才好。

眼前这群血迹斑斑、披头散发的士卒，几天前还是那样精神抖擞、斗志昂扬，他们自信、明朗的神情曾使呼木尔自己也深受感染。

可是，没过五天，这群生龙活虎的年轻勇士，就像是被人吸干了鲜血似的，面容枯槁、眼神痴迷、衣衫褴褛、伤痕累累，像失去主子宠爱的猎犬一样瘫软无力地趴在地上。

是突如其来的惨败，使他们心中燃烧得过分浓烈的欲火遭到了迅猛得几乎让他们的意志承受不了的扑灭。这种打击是沉重的，也是残酷的。

它把这些一向容易被狂乱的情绪所左右的人们骤然推下了绝望的深谷。

呼木尔似乎带有一丝愧疚地低低说道："退下去吧。"

被伤痛、疲乏和绝望折磨得快要崩溃的残兵败将们，本来还满怀惊悸和恐惧地准备接受呼木尔的惩罚，现在听到呼木尔毫无斥责意味的话，不由得有些意外，连忙倒头谢恩："谢大王不杀——"

"去吧，去吧！"呼木尔烦躁起来，他心里清楚，由于自己过去常常责罚打了败仗的部卒，使许多人不愿死心塌地追随自己，尤其是吃了败仗以后，不少兵卒不敢回来向呼木尔报告，而是径自逃走了事。现在，眼前这几个人还能苟延残喘地赶回来报信，呼木尔感到，虽然因为这些士卒的无能而白白错失了一次宝贵的战机，但他们的忠诚还是很难得的。这样一想，呼木尔就打消了借惩治败卒，以泄心头愤恨。

被说不清楚的懊恼纠缠得快要发狂的呼木尔，一连十几天，不言不语地坐在屋里生闷气，他的脸阴郁得像风暴来临前的天空。

黎明，红日喷薄而出。

五龙山的春天不但比它四周的旷野来得更早，而且也持续得更长久。

时令已近仲夏，五龙山中还洋溢着初春特有的清新、凉爽的气息，蓊蓊郁郁的草木散发出令人陶醉的芬芳。

但是，美丽的自然景色并不能掩盖人心底的罪孽和邪恶的潜流，呼木尔在聚义厅里不无诧异地接待面前这批面目各异，但一律身穿黑色夜行衣的不速之客时，他几乎有一种身处梦境的感觉。

作为一直纵横冲杀在边远地带的一支绿林武装的首领，呼木尔内心对中原各路身怀绝技的武林高手，始终抱有一种敬畏的态度。

有时候，想想那些名扬四海的大侠所创造的种种令人难以置信的奇迹，呼木尔反观自己，简直会生出一种让自己难堪的、自惭形秽的感觉。

不过，此刻，作为五龙山的首领，作为被拜访的东道主，呼木尔觉得自己不应该在这上百名侠客面前显得过分谦卑。

尽管眼前这一百名侠客，几乎人人都有一个一说出来就叫人震惊的称号，但呼木尔看得出来：这些名噪当世的大侠，今天齐聚五龙山，一定是有什么重要的事情要求助于自己。

想到这里，呼木尔心头不由释然放松了，一丝微笑影子掠过他的嘴角。

"呼大侠！"一个须发灰白的黑衣侠客，按照他对中原江湖英雄习惯的称呼方法，多少有点不自然地叫了一声眼前这个异族的山大王。

"哦——"微微一惊的呼木尔，轻轻地点了点头。显然，黑衣侠客的称呼是令他既意外又满意的。

一时间，呼木尔在意识深处觉得自己突然跻身于那足以引起千万人景仰的中原大侠的行列中了。

"呼大侠，"灰须老侠客又亲热地叫了一声，接着说道，"久闻五龙山有一支绿林豪杰队伍，纵骋大漠，威震塞外，尤其是呼木尔大侠，胆识超人，英名盖世，今日一见，果然名不虚传啊！"

呼木尔不动声色，他脸上有点凝固了的微笑，说明他并不太喜欢这种多少有点虚伪的客套话。

灰须老侠客大概觉察到了什么，连忙话锋一转，提高了声音，朗声说道："半月前，天下闻名的侠客齐聚北地郡，共同盟誓，决定了一件惊天动地的大事，想必呼大侠早有所耳闻吧……"

"……"呼木尔一下子感到万分尴尬。

虽然他对武林高手每年定期在北地郡集会盟约的事情，也曾经道听途说，做过些猜测，但多少年来，对屡次盟约的内幕，却一直不大清楚。他曾很想通过某种渠道刺探到一些有关盟约细节，以便从中发掘出一点有利可图的消息，但实际上他从来没有得到过哪怕是最微不足道的一点点消息。

这倒并不完全因为呼木尔缺乏得力的耳目，更主要的是因为武林盟约是不同寻常的一桩秘事——世上许多最深不可测的秘密，并不是一般人认为的那样，是神不知鬼不觉的那种完全隐藏在暗处的事，相反，倒极有可能是那些早已名声广播在外，看似人人皆知，其实谁也不知其详的事——北地郡的武林盟约就是这么一类秘事。

参与盟会并决定最后结果的人，都是武林九宗八十一门派的各路掌门大侠，除此之外，每年还有一些随时变动人选名额，留给那些新近在江湖上崭露头角、技压群雄的后起之秀。

盟约的日期和具体地址总是以难以捉摸的规律在不断变化着，极少有人知道其中的奥妙。

盟约的全过程都处在秘而不宣的状态之中。

在距离盟约日期很近的日子里，参加集会的人们才陆陆续续收到来历不明的、形式各异的通知。

盟约开始以后，参加者中断了一切与外界的联系，他们以某种一般人很难猜测的方式交换着对一个或几个重要议题的看法。

盟约的结果，往往并不是以什么明确的文字形式出现的，更多的时候，它是体现在盟约之后的一系列大规模行动中的。

许多人都是在经过了多年之后，才从完整的回忆中辨清了当初盟约的真切结论，而当贯彻盟约结论的行动受到严重阻碍，或遭到突然破坏时，盟约的真实目的就会成为永远的谜，湮没在时间长河里。

但是，世上万事万物，从来就不可能根绝例外变故的发生。这次，盟约被迫在光天化日之下昭示于五龙山中，就是例外。这样的例外，是许多人不愿看到的。但是，为了盟约的成功，他们必须这样做。

沉默，使聚义厅里的空气陡然紧张起来。一缕初生的霞光，透过窗棂，落在呼木尔的肩上。

"呼大侠，"灰须老侠见呼木尔脸上的神色温和了一些，就不失时机地给呼木尔找了个台阶，"盟约前，老朽曾打算派人邀请呼大侠，不想，事情突变，盟约时间有了变化，来不及通知呼大侠。今天特来给呼大侠送达盟约详情，请呼大侠不要见怪。"

"哪里，哪里。"呼木尔明知对方在做假，但也不便揭穿，只好装作一无所知，搪塞了几句，听对方往下还说些什么。

"数月前，匈奴呼韩邪单于第三次进入长安，觍颜求亲于汉宫，自己甘心屈尊为汉帝的儿婿，结果，被汉元帝恩准了，不知呼大侠对这件事有何高见？"灰须老侠深邃的目光直逼呼木尔。

"这——"呼木尔正准备洗耳恭听对方关于盟约的叙述，没料到对方突然一句反问，弄得他一时不知如何对答，只得张口结舌地支吾起来。

灰须老侠无声地笑起来，他从座位上站起身来，走到大厅中央，来回踱了几步，说："匈奴单于求亲，汉公主远嫁，对匈奴和大汉都不是什么值得引以为荣的事吧——"

说到这里，灰须老侠有意停顿了一下，迅速扫视了大厅里的人们，最后，把目光停留在呼木尔的脸上。

呼木尔表面上尽量保持镇定，内心却禁不住翻腾起来。

这个性情刚烈的匈奴猛士，感到自己心灵深处最脆弱的地方像被锐器扎了一下，强烈地疼痛起来。

"天下义士都不能容忍这种有辱汉匈两方的事情发生。这次北地郡盟约，各路豪杰商定，务必全力以赴，把送亲队伍堵截在中途，掳走王昭君，请匈奴单于回返大漠。"灰须老侠的声音里带有一种金属碰撞似的回响，在大厅里嗡嗡轰鸣。

呼木尔明显地听出了面前这个干瘪老头话里话外的锋芒，他感到了一种被人侮辱而又无力还击的愤恨。

"啪——"

呼木尔一扬手，把桌案上的茶碗扫出老远。

茶碗应声飞出，在白玉厅柱上迸裂成许多碎片。

几片碎瓷溅落到灰须老侠的身上，然后又顺着衣纹滑落到地上。

厅里众人皆惊。

黑衣群侠各持兵刃，离座而起。

呼木尔身边的几名卫卒，提起了刀枪。

厅外回廊上的守卒听到动静，也急忙拿着兵器，冲进门来。

双方怒目相对。火光欲进，又归于寂静。

呼木尔的头脑里霎时变成一片空白。然而，急剧变化的阵势又逼使他不得不紧张地思索起来。

许多杂草一样的念头同时充塞进他的头脑里。一片一片的野火正借助着风势，从四面八方蔓延过来，呼木尔觉得浑身灼热难当。

短暂的沉默使呼木尔的思绪稍稍平静下来。

这个狡黠的匈奴武士，隐隐感到了苍茫夜色中的一点光明：在灰须老侠气势夺人的话语之间，闪烁着朦胧的萤光，这正是呼木尔内心潜伏已久的一种不可言说的热望。

多少年来，呼木尔一直盼望着有朝一日，能像雄鹰一样自由地展翅翱翔在大漠上空。这个出身寒微的匈奴苦役的儿子，有一段悲惨的生活经历，他从小就失去了双亲，被部族权贵辗转贩卖，受尽了侮辱和折磨。

艰难的生活并没有摧折呼木尔的脊梁，相反，过分的压迫激发起呼木尔血液里日益强烈的反抗意识。

当年轻的呼木尔忍无可忍地亲手杀死了奴隶主，开始在草原上漫无目的地逃亡时，他的心中已经萌发出彻底消灭匈奴贵族的顽强信念。

他投奔了五龙山的绿林队伍，当时，这支队伍还主要是由汉人组成，匈奴人很少，并且无形中遭受着一些汉人的歧视，呼木尔把自己血泪斑斑的家史和刻骨铭心的仇恨，深深地埋在心底，也把立誓用行动证实自己以及自己民族具备的无畏胆识的决心，深藏在心里。

不久以后，呼木尔在多次激战中的出色表现为他也为他的同胞们赢得了荣耀，也赢得了当之无愧的尊敬。

在呼木尔到达五龙山的第五个年头，这位匈奴人不仅跃身进入三方首领之列，而且以他的智慧、勇猛获得了整个队伍中最高的威望。

从那以后，加入五龙山的匈奴人越来越多了。

现在，尽管在人数上匈奴士卒还略少于汉人，但在实际影响上，匈奴人已经远远超过了汉人。

呼木尔是个睿智的首领，他深深懂得在决定性的胜利还没有到来前，团结是最可贵的。

正因为这个缘故，他平时特别注意关照匈奴士卒，时刻训诫他们和汉族士卒以诚相待、密切团结。

但是，呼木尔的影响还远没有达到阳光那样广阔的范围，队伍中出现的各种势力集团，使他的许多努力化成泡影，貌合神离的部下充满在他的周围。汉人首领和西域人首领不仅彼此互相猜忌，而且还各从不同的利益出发，深深地忌恨着呼木尔这个在队伍中威信最高的人。

呼木尔渐渐地感到正陷进了日益阴晦的浓雾之中，他的理想变得越来越模糊了。

每当星斗阑干、夜深人静的时候，呼木尔总会不自觉地从酣睡中醒来，他常常在这个时候望天长叹。

何年何月，矫健的雄鹰才能飞上广袤无垠的天空呢？

当呼韩邪单于经过几年东征西战，收复统一了匈奴部族，被拥立为匈奴大单于时，蜗居在五龙山里的呼木尔闻讯不由悲从中来。

呼木尔分辨不清这种心绪是悲痛，还是悲哀。

他只觉得心里有什么宝贵的东西在刹那间荡然无存了，他眼前的蓝天、青山顿时失色了。

也许正是这样一种意绪，促使他在派遣部下劫掠送亲队伍时，毫不犹豫地发出了"就地斩杀呼韩邪单于"的命令。

可是，这句毫不犹豫的命令早已随着荒岭夜战的惨败，化成了一阵过眼云烟，彻底消散了……

呼木尔仿佛从梦魇中突然醒来似的，浑身一震，大喊："来人哪！"

这声打破了沉默的呼唤，回响在聚义厅清凉的空气中，使厅内外的每一个人心头都悚然一惊。

"来人——"又一声呼唤。

几名士卒醒过神来，连忙提着刀枪迎上前去。

"快吩咐下去，大摆筵宴，款待各路豪杰！"呼木尔说着，扭头笑对群侠，"各位大侠，有话好说。来，今天难得欢聚一堂，先开怀畅饮，随后再慢慢商谈盟约大事。"

顷刻间，五龙山中鼓乐喧天，聚义厅里酒肉飘香、觥筹交错、笑语喧哗。

这时候，一片不知从何处飘来的乌云，悄悄地遮住了朝阳的一角。

整个五龙山笼罩在荫翳之中。

一夜无事。萧育望着天边渐渐扩散开来的曙光，不由得松了口气。

上郡虽然比北地郡更偏北一些，但似乎比北地郡要繁华、热闹得多。

当送亲队伍缓缓地驶出行宫，在上郡守备和地方贤达的陪同下，从城中大街上穿过的时候，王昭君在车辇中，隔着窗纱，看到了欢呼雀跃、热情招手的人们，看到了招牌林立、旗幡飘扬的店铺。

清晨宁馨和暖的阳光，使王昭君的神思仿佛又飞回了初春的长安。

那是长安城万人空巷的一个黎明。

那是皓月般的明珠第一次，也是最后一次照亮汉都长安这座古城的一个黎明。

数千年过后，在长安城中生活的人们，为那极其短促的一次远去的辉煌时刻，而倍感骄傲；而生活在长安城以外的人们，却难以抑制因回顾这一历史片段而油然生起的无限慨叹。

送亲队伍在和煦的阳光里，像一条潺潺流动的河，离开了上郡城。

送行的上郡军民仿佛已经预知了什么似的，像送别一去不归的挚友一样，一直簇拥着送亲队伍，走出了八十里路。

王昭君含泪的眼睛里涌动着深深的依恋。

悠扬的琵琶声飞出了华美的车辇，盘旋萦绕在空中。

车辇旁边的窗纱款款掀开了，昭君美丽如花的面庞上，泪珠滚落。

车辇两旁，送行的军民频频向王昭君招手致意。

幽怨的歌声袅袅上升，拨动着人们的心弦：

> 皑如山上雪，皎若云间月。
>
> 闻君有两意，故来相决绝。
>
> 今日斗酒会，明旦沟水头。
>
> 躞蹀御沟上，沟水东西流。
>
> 凄凄复凄凄，嫁娶不须啼。
>
> 愿得一心人，白头不相离。
>
> 竹竿何袅袅，鱼尾何簁簁。
>
> 男儿重意气，何用钱刀为！

沉湎于缠绵悱恻的歌乐声中的送行军民，久久不忍离去。已经泪流满面的王昭君，几次放下琵琶，挥手示意人们就此作别，都无济于事。

萧育在马上，望着此情此景，也不由得热泪盈眶，心怀激荡。

呼韩邪单于、乌禅幕也被这种场面感染得黯然动容。呼韩邪单于甚至怀疑自己是不是犯下了什么罪孽？

"上天啊，你饶恕我这个夺走了千千万万汉民心中绝美佳人的罪人吧！"呼韩邪单于在心底这样一遍一遍地嘶喊着。

这时，牵魂摄魄的歌声和乐声再度响起来，像春风一样把万种温情吹拂到空旷开阔的原野里、天空中，也吹拂进人们的心田：

吾家嫁我兮天一方，远托异国兮乌孙王。穹庐为室兮毡为墙，以肉为食兮酪为浆。居常思土兮心内伤，愿为黄鹄兮归故乡。

这首前代公主刘细君在远嫁乌孙王以后写下的《黄鹄歌》，此刻恰好倾诉出了王昭君内心深切绵密的忧伤和哀愁。

送行的人们情不自禁地伴着昭君奏响的琵琶乐曲，抑扬顿挫地和着王昭君的歌声，唱起这首《黄鹄歌》来。

送亲队伍里的汉匈将士也动情地放开了歌喉："穹庐为室兮——毡为墙——，以肉为食兮——酪为浆——，居——常——思土兮——心内伤——，愿——为——黄鹄兮——归故乡——"

一时间，苍凉悲抑、雄浑深沉的歌声响彻了漠野的上空。孤鹰，在湛蓝的天空中，徐徐坠落。

翌日黄昏。

借着夕阳送来的最后一抹余晖，并辔驻立在一处高坡上的呼韩邪单于和萧育，极目北望，依稀可见长城灰蒙蒙的轮廓。

"就要出塞了！"呼韩邪单于和萧育心里都不约而同地慨叹了一句。

但此刻，两个人的心情并不完全相同。

他们对视了一眼，会心一笑，侧身带马驰下了高坡。

送亲队伍的人马早已安扎下来，远远近近，升起了炊烟。

接近西河郡的这一带地方，除了草色比较浓郁以外，它平坦辽阔的地势已经与长城以北的大漠没有什么区别了。

这里虽有一条宽阔的驿道蜿蜒着向北延伸，但每隔几里，路面就严重地被尘沙掩埋住的现象，说明这里是真正人迹罕至的地方。

不过，过分的落寞、沉寂，也给这里带来了一种特有的宁馨和安详氛围。

萧育敏锐的目光向四外扫视了一周。

视野之内没有一丝一毫的异常动静，似乎除了送亲队伍的人马和萋萋芳草之外，方圆千百里之内不会再有其他生命存在了。

罕有的安宁笼罩在人们四周。

自从进了上郡城之后，温敦就变得沉默寡言起来。

似乎这个身材魁梧、体格健壮的匈奴大将，从来不愿意分享旁人的快乐，更不愿意分担别人的忧愁，同时也不屑于把自己的心迹表露在外。

其实，这并不是温敦本来的性格。

随着送亲队伍逐渐接近长城，温敦内心的阴影也日益扩散开来。

这个匈奴猛将的心灵正在被焦躁不安的火焰灼烧着。

一直萌动在温敦头脑里的一个想法，像一只贼头鼠目的野猫一样，不时地从意识深处的暗影里跳出来，撩拨着温敦的神经。

终于，温敦下了决心。

就在夜宿上郡城的那天晚上，当行宫内外都宁静下来的时候，温敦悄悄地摸黑爬出了寝帐。

昏暗的灯影摇曳不定。

温敦奋笔疾书。一匹快骑乘着夜色，驰出了上郡城门。

秘密派遣出送信的亲兵之后，温敦总是觉得有点惴惴不安。他似乎从来没有像现在这样害怕过什么人或什么事。难道，这种反常的恐惧是因为他第一次做了背叛呼韩邪单于的事吗？

在温敦心目中，呼韩邪单于是顶天立地的英雄，温敦从来没有萌生过哪怕是一点点企图背叛大单于的念头，包括这次背着呼韩邪单于做的这件事。

温敦始终认为：阻止王昭君进入匈奴，是有利于呼韩邪单于赫赫英名的一件好事。

可是，温敦不理解：为什么大单于不像自己这样想呢？就连自己从小敬重的老父亲，似乎也因为年迈而有些头脑混乱了，竟然经常因此而斥责自己！

温敦觉得很苦恼。

那个汉将王龙，好像也对汉匈联姻这桩事有些冷漠，但温敦不愿和这个汉人多谈论自己的心事。

一方面，温敦向来鄙视汉人，这其中的缘由，温敦自己也说不清楚。反正，从小时候起，温敦就不太喜欢父亲成天吟咏的那些佶屈聱牙的汉诗文，只有那些讲述匈奴人和汉人交战的故事能引起温敦的兴趣。

另一方面，在这么多天来的行旅途中，温敦也渐渐发现：王龙这个人过于浅薄轻狂，完全没有一点起起武夫应有的涵养和风度。所以，温敦开始有意识地疏远王龙。

当心烦意乱的温敦随意向远方迷蒙的暮霭中眺望时，隐隐约约，长城上升腾起的滚滚狼烟，引起了温敦的注意。

一阵抑制不住的兴奋在温敦心底骤然升起。

"怎么回事？"

送亲队伍中一阵骚动。

呼韩邪单于、萧育、乌禅幕、王龙一齐挤上高坡，凝神向远方望去。

长城上烽火次第燃起，熊熊火光，闪动着，映红了天际。狼烟直上，一场意料不到的凶杀恶战，正在渐渐逼近。

送亲队伍里的每一个人，心里陡然升起一团疑雾。

难以排遣的恐惧和忧虑，顿时使人们眼里闪出一重荫翳。

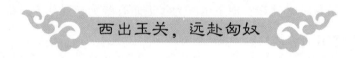

西出玉关，远赴匈奴

昭君跟随呼韩邪单于的一行人马，浩浩荡荡来到匈奴。这一路，风餐露宿、长途跋涉。

汉朝帮助呼韩邪单于统一草原之后，呼韩邪单于入主王庭，但草原上并不安宁，还是有一些屠耆和郅支的残余军队在草原兴风作浪。这次听说呼韩邪单于已经和汉朝和亲，和迎娶的公主行进在回匈奴的途中，便趁机从中挑起是非，希望呼韩邪单于和大汉再起争端，好渔翁得利。

因此，王昭君这一路并不太平，沿途遭到了很多的袭击和掠杀，王昭君也承受很多委屈和风险。此时正是中原春暖花开的三月，但在塞外却还是寒风凛冽。这样的艰辛致使王昭君病倒在漫漫长路中，车辇只得暂时停止前进。养病期间，她想起了父母，再看到塞外的萧瑟秋风，心中不免伤感，但想法从来没有改变。呼韩邪单于和汉朝也都以和亲为重，相互信任，才没有中奸人的计策，破坏汉匈和亲的大计。

就这样，王昭君在呼韩邪单于的车毡马队的簇拥下，肩负着汉匈和亲之重任，别长安、出潼关、渡黄河、过雁门，一路散发从长安带来的粮种，受到百姓的爱戴。

王昭君出塞，在路上就走了一年多，终于在第二年初夏到达漠北，受到各个部族的盛大欢迎。大家争相出来观看这个汉家来的阏氏，一睹昭君的芳容。看到单于娶了这么美丽的女子，大家都非常高兴。呼韩邪单于，被称为草原上的英雄，兼具雄才大略和文治武功，又有远见卓识，虽然英武彪悍，尚武善战，却并不曾和其他匈奴首领一样，认为匈奴是最优秀的民族，汉匈关系势不两立。呼韩邪单于早就认识到汉匈和亲是可行的，也是必然的。

呼韩邪单于在年龄上和元帝不相上下，简直可以做王昭君的父亲了，当元帝的女婿也是无奈之举。呼韩邪单于就是草原上的皇帝，皇帝自然不止有一个女人，在昭君前来草原以前，呼韩邪单于已经有了五个阏氏，儿子女儿也已经一大堆了。昭君嫁给呼韩邪单于，会有幸福吗？

这一天，呼韩邪单于的人马分成两队，欢迎呼韩邪单于和王昭君的归来。人们看见呼韩邪单于手拉一个女人慢慢朝着王庭走来，大家欢呼道："我们的新阏氏回来了，单于回来了！"

呼韩邪单于满面笑容，高兴地宣布："这位汉朝公主，就是我给咱们匈奴带回来的新阏氏，我封她为'宁胡阏氏'，希望她能给匈奴带来和平和安宁，从今天起，她就是你们新的女主人，也是我的最后一个阏氏。"人群开始欢呼起来。

王昭君已经在宫中被冷落了很久，她没有想到，在远离汉朝的草原上，能受到这样隆重的欢迎和爱戴，能获得这样的殊荣，呼韩邪单于竟然宣布她就是单于的最后一个阏氏，对于一个女人，这真的是天大的恩宠了。

善良的人们仰望着王昭君，不停地发出赞叹声，草原上一片欢腾，年迈的呼韩邪单于也笑逐颜开。看着这一片祥和景象，想着呼韩邪单于这一路对自己的呵护和爱惜，王昭君突然爱上了这片土地，爱上了这些陌生的子民，脸上也露出了久违的笑容。

在中原和匈奴的外交关系中，和亲之所以成为最受欢迎的方式，还有一个原因。匈奴的阏氏虽然在地位上相当于汉朝的皇后，但实际上，在匈奴的风俗中，男尊女卑的观念并不严重，因此，匈奴的阏氏并不像中原的皇后一样，只能管理后宫，不能过问朝政。匈奴是一个游牧的民族，没有那么多的规矩和礼数，谁讲得有道理就听谁的，所以，匈奴的阏氏拥有很大的权力，可以在朝政上辅佐单于。也因为这样，汉朝才愿意采取和亲的政策，汉家女到了胡地，便可以辅佐单于，为汉匈和好做出贡献。

依匈奴习俗，都是男人出去打猎，女人负责将男人带回来的皮毛做成衣服，在饮食上也是茹毛饮血，生病了并不去看医生，而是请巫祝来施法祛除。如果需要什么匈奴没有的东西，就赶着牛羊前去边境的关市上换。后来，王昭君上书汉朝，请求汉朝送一些种子和器具给匈奴。这时在位的已经是汉成帝了，看见现在汉匈和睦，边境安宁百姓安居乐业，成帝爽快地答应了。 这些东西送到匈奴，大家都很惊奇。王昭君便亲自教她们如何使用织布机，如何种植庄稼。遇到有人生病，王昭君还亲自前去探望，并送去药材。闲时还向他们讲解中原的风土人情，传播汉朝的文化和礼数，教他们学习汉字。人们都开始称颂宁胡阏氏，王昭君越来越受到匈奴人民的欢迎和爱戴。

呼韩邪单于看到自己竟然从汉朝娶回来这么美貌贤惠的阏氏，对汉朝天子感恩戴德，安心发展匈奴、促进汉匈和好，对汉朝也忠诚不二。

第四章

汉匈和平，情系塞北大草原

王昭君抵达匈奴后，与呼韩邪单于非
常恩爱，被封为"宁胡阏氏"，并为呼韩
邪单于生下一子，取名伊督智牙师（也写
作伊屠牙斯），封为右日逐王。婚后三年，
公元前 31 年，呼韩邪单于逝世。

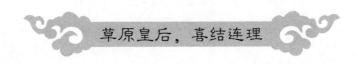
草原皇后，喜结连理

"宁胡阏氏千岁、千千岁！宁胡阏氏千岁、千千岁！"

王昭君的马车驶过十来个大大小小的穹庐，最后停在一个崭新的中等大小的穹庐前面。

一班妇女穿着华丽的贵族衣服、个个头戴高帽、帽上缠绕悬挂着大小不同、闪耀光泽的珊瑚玛瑙珠，两只手腕上也绕满了宝石、珊瑚，以及细珠穿成的手镯。王昭君知道，这些人肯定是匈奴贵族的家眷和单于的家眷了。

车一停，先行到达的春兰和秋菊便来扶王昭君下车。

一班贵族妇女纷纷上前来向王昭君鞠躬致意，以示欢迎。

王昭君则一一还礼。

就在这刹那，这些贵族妇女全都惊呆了，只把目光投向王昭君，目光落在王昭君的头上、脸上、身上……

她们嘴上不说什么，但内心却有同一个念头：天下怎么会有这么标致绝美的女人啊！

短时间的沉默后，这班匈奴的贵族妇女才如梦初醒，忙邀请王昭君进入穹庐，她们只顾看王昭君，居然忘了请远道而来的客人进入穹庐了。

两个匈奴妇女先低头进入，春兰、王昭君、秋菊、随从匈奴妇女，鱼贯而入。

穹庐不大，高约二十来尺，底下是圆形的，直径大约有十来尺，穹庐的底下，是用平整的石头垒起来的，大约有五六尺高。而穹庐的架子，是用檀木做成的，分上下两部分：下部以长近二十尺的檀木交叉格架，组成方块形，连结处结以皮带；上部以长约十几尺的檀木，互相衔接，绑在架的顶端，成为一个固定的圆形墙壁，墙壁上开着几个圆形天窗。墙壁上和地上都装饰着华贵的毛毯。

穹庐里的摆设也是一目了然：中间围着一些矮桌和毛垫座位；左边放着一些大小衣箱和厨柜；右边铺着一张床，床上铺着华贵的被褥。

在王昭君和春兰、秋菊略略扫视从未见过的穹庐的空当儿，那班匈奴妇女便请王昭君在上首的客人座位上坐了，春兰和秋菊侍立在侧。

坐下来的王昭君还能听见穹庐外面的狂欢的人群，依然留恋着不肯离去，在那儿齐声喊着："宁胡阏氏千岁、千千岁！"

帘子一动，一群人鱼贯而入，领头的正是满面红光的呼韩邪单于，紧跟他的是汉朝送亲正使萧育，匈奴骨突侯乌禅幕和匈奴左大将温敦，单于在王昭君旁边坐下，其他人也都拣了座位坐下。单于微笑着，抚了抚长须，望着王昭君说："公主，你来的日子，是草原的节日啊！"

"公主，你的到来，可真是照亮了整个草原啊！"骨突侯也笑着说。

王昭君微启朱唇，说："单于和侯爷过奖了。"

有人将各种果点，香甜的黄油、奶皮，醇香的奶酒，酥脆的油炸粿子和炒米、奶酥，及各种匈奴特有的点心，都端了上来，单于请大家边谈边吃。

王昭君便拣了几样小巧可口的点心和大家一起吃起来。

"我来给大家介绍一下吧。"温敦提议说。

单于点了点头，表示赞成。

温敦便指了指座中年纪最大的一个匈奴妇女说："这是娜仁阏氏。"

王昭君明白，她应该是单于的原配妻子了，论称呼，她是阏氏，论年龄，她与单于差不多，这是个慈祥、和蔼的老人。

还没等王昭君起身，她已经站了起来，把右手放在胸前，低头微微地鞠躬，对王昭君说："公主远道而来，往后不要拘束，这儿就是你的家。"

王昭君也忙起身，学匈奴人的礼仪，给娜仁阏氏施礼，也将右手放在胸前，低头微微地鞠躬。

王昭君是第一次行匈奴人的礼仪，但居然这么自然，一点也不让人觉得做作，但这自然中，又有着一种特有的典雅、雍容，这令在场的人，即使温敦，也不得不暗暗地叹服。

娜仁阏氏重新落座，温敦又指着一个较为年轻漂亮的中年妇女对王昭君说："这是萨仁阏氏。"

不用说，这是单于的第二个妻子了。等她从座上站起，王昭君发现，这个匈奴女人自有一种可爱的姿态和色彩，五官、躯干和手臂，好像天生配就是这么一副，分开来看可能会觉得没有什么，合拢起来看却觉得彼此相呼应，觉得美。唯一让人觉得遗憾的是两条腿短了一些，否则定会多几分飘逸。她的眼睛似乎略带几分忧郁，这也许是个极有心计的人。

王昭君和她都相互施礼，寒暄了几句。

接下来介绍给王昭君的是单于的妹妹、匈奴的大公主、温敦的妻子阿婷洁。阿婷洁是个丰满漂亮的美人，浑身洋溢着青春的活力，保存着北方少女的那种自然风韵。她的脸蛋儿像一个发红的苹果，像一朵将要开花的芍药；一双黑溜溜的大眼睛，四周深而密的睫毛向内部映出一圈阴影；一张妩媚的嘴，窄窄的，润泽得使人想去亲吻，内部露出一排闪光而且非常纤细的牙齿。王昭君暗暗称奇：匈奴居然也有这么漂亮的美人。

阿婷洁显然是个心直口快的少妇，她站起来对王昭君施礼，说："嫂子，你需要什么，以后尽管对我说。""谢谢妹妹的好意。"王昭君回答。

穹庐的外面，狂欢的牧民们仍然没有离去，"宁胡阏氏千岁、千千岁"的喊声仍然此起彼伏，回荡在草原的上空。

虽然刚刚经过长途的经年累月的旅行，但他们都不觉得累。

开朗的骨突侯乌禅幕更是兴奋异常，对王昭君说："公主，你这是第一次见到我们的穹庐吧？"

王昭君笑了笑，点了点头。

乌禅幕说："这就是我们草原特有的房子，与你们家乡的大不一样。听我唱一首民歌，你就明白了。"

说完，他便令人取来他的马头琴，边弹边唱：因为仿造蓝天的样子，才有圆圆的穹顶；因为仿照白云的颜色，才用白白的羊毛毡制成。

　　这就是穹庐——我们匈奴人的家。

　　因为模拟苍天的形体，

天窗是太阳的象征；

因为模拟天上的美景，

马灯是月亮的圆形。

这就是穹庐——我们匈奴人的家。

他古朴苍劲的歌把王昭君和人们都带入了一个美妙的世界。

草原是美丽神秘的，它的风土人情都令王昭君沉迷，她仿佛一条重返海洋的鱼儿，在水中自由游弋；她又像一只重返蓝天的小鸟，在新鲜的空气中自由自在地飞翔。

晨昏午夜，王昭君最爱在草原上徜徉，怀抱琵琶，弹几曲南方的小调。她最易想起的便是童年，那无忧无虑的岁月，至今令她神往。

有时她也会想起如今不知去向的宇文成。

这时，她会想起古书中的一句话："任凭弱水三千，只取一瓢饮。"有时她会觉得自己的软弱，自己的心实在太小，她的心，能容下什么呢？她仿佛听见了遥远的哀怨的箫声。

但是，婚礼很快便来了。呼韩邪单于对于即将到来的婚礼其实早已迫不及待了。为了表示他对王昭君的格外宠爱，他决心隆重地举行草原有史以来最辉煌最热闹的婚礼。

呼韩邪单于一面大肆封赏王侯将相，同时也恩及百姓，令全匈奴的人狂欢三天。这三天里，王庭上下、王公贵族、牧民奴隶，可以狂饮烂醉、唱歌跳舞、通宵达旦，还要开展各项比赛娱乐活动：一项是摔跤比赛，一项是巨大的跳舞狂欢晚会。

婚礼的那一天，还不到日出的时候，天刚有点蒙蒙亮，王昭君便起了床，走出她的穹庐。

那是多么美妙苍茫的时刻。

在深邃微白的天空中，还散布着几颗星星，大地和天空微白，野草在微微颤动，四处都笼罩在神秘的薄雾中。一只云雀，仿佛和星星会合在一起了，在绝高的天际唱歌，寥廓的苍穹好像也在屏息静听这小生命为无边宇宙唱出的颂歌。在北方，连绵的阴山吐露在青铜色的天边，显示出它的黑影；在东方，耀眼的太白金星正悬在天上，好像是一颗从大地上升起的灵魂。

王昭君完全沉浸在这美妙苍茫的时刻中去了，正在这时，秋菊将一件单衣披到王昭君的身上，说："公主，小心着凉，今天可是你大喜的日子啊！"

王昭君"哦"了一声，随着秋菊走回了穹庐里面。

不久，号角声响起，先是单独的几声，接着便是百千只号角呼应。

号角声声将草原唤醒，也将睡梦中的草原人民唤醒。

全草原的人，都穿起了节日的盛装，戴上自己的首饰，纷纷生火烧饭，准备参加单于的婚礼活动。上午，将有草原人民非常喜爱的摔跤比赛。

王昭君和春兰、秋菊刚用过匈奴侍女送来的早餐，便见呼韩邪单于兴冲冲地揭帘进来。

今天的呼韩邪单于，穿一件紫红色长袍，上面用金线和银线织着狮、鹰、鹤等图案；腰束玉带，右挂象征单于权威的匈奴宝刀；头系黄色绸巾，饰有珍珠、玛瑙，中间的一颗夜明珠闪闪发光，格外引人注目；脚蹬黑青色皮靴：单于仿佛年轻了二十岁似的！

"昭君，准备好了吗？"单于关切地问。

王昭君含情脉脉地看了单于一眼，说："准备好了，单于。"

"好，那我们出发吧，去看摔跤比赛。"

单于在前，春兰、王昭君和秋菊依次走出了穹庐。

到门口一看，只见早有华车等在那儿了，这就是那辆用十八匹千里马拉的那天迎接过王昭君的华车。

只是在今天的华车上，放置的座位不是一个，而有八九个之多。单于亲自扶王昭君上了华车，春兰和秋菊也上去了，单于和王昭君居中坐下，春兰和秋菊侍立在侧。

华车启动了，一路上又载上了娜仁阏氏、萨仁阏氏、骨突侯乌禅幕、左将军温敦和大公主阿婷洁等人，除了左将军温敦和萨仁阏氏有点冷淡以外，其他的人都是红光满面、兴高采烈。

华车一驶出王庭的大门口，便有两队王庭的骑马侍卫手持旌旗，吹着号角在前面开路，又有两队王庭的骑马侍卫分别在左右和后面随行。

秋天的草原空旷辽阔。华车行出不远，就来到了一个人声鼎沸的地方。这里，胡笳长鸣，号角声声，还有羯鼓有节奏的鼓点声，人们的欢笑声、马群的嘶鸣声，汇成了声音和人的海洋。

在黑压压人群的中央，早已搭起了一座专门用来摔跤的擂台。平时，摔跤总是在草地上随时随地进行，而今天，由于观看的人太多了，便搭了一个宽阔结实的擂台。这擂台是用从阴山上砍伐的大树搭成的圆台，直径约十五丈，四周围着结实的绳子，地上铺着柔软的毛毡。

"单于和宁胡阏氏来了。"忽然有人大声喊。于是，胡笳和号角都吹得更欢了，羯鼓也击得更有力了。而草原的人们都想再睹草原的新皇后的风采。有许多人，因为上次没见着王昭君后悔不迭，今天特意起了大早，早早地来到摔跤场上等候，只为一睹王昭君的风采。

今天的王昭君，已经依从了胡俗，浑身上下都是胡人打扮。

她头戴贵族妇女专用的圆锥形高尖帽，尖端有红穗子，帽子四周装饰着珊瑚玛瑙珠，尤其是帽子的前面，镶嵌着一颗硕大的红宝石，在阳光的照耀下闪闪发光；她身穿红色绸缎长袍，袍上刺绣着鱼、凤等图案；腰束白玉带；足蹬白色皮靴。

美丽的王昭君，穿上了胡服，显得更加漂亮、更加光彩照人了。

当华车驶进人群，草原的人民欢声雷动，纷纷开始呼喊："单于万岁、万万岁！宁胡阏氏千岁、千千岁！"

单于和王昭君，这一对新人，从座位上站起来，将右手放在胸前，微微点头向他们的臣民致意。

这时，草原上的男人，都从心底里羡慕单于，羡慕单于拥有了天仙似的美人！

而草原上的女人，都从心底里嫉妒王昭君，嫉妒她以自己的美照亮了整个草原。

只有华车上的萨仁阏氏，心里觉得有点酸，有点妒意，她觉得是王昭君的出现抢走了她在单于和草原人民中的位置；还有温敦将军，他沉着脸，看着眼前王昭君的背影，简直觉得有点恨。他想起了自己刚刚死去没几年的姐姐，那漂亮温柔的玉人阏氏。

各人还在想着自己的心事，温敦手下的大将休勒跳上了台，连吹了三声嘹亮悠长的号角，这是比赛即将开始的象征，霎时，台下的胡笳停了，羯鼓也停了，讲话声也停止了，整个草原变得安静。

休勒在台上向华车上的单于等人施了个礼，又对草原上的牧民们挥了挥手，说："今天参加比赛的有三个人，是从单于王庭、左贤王庭、右贤王庭挑出来的三个百里挑一的摔跤手，他们分别是：单于王庭的雕陶莫皋小单于、左贤王庭的巴图、右贤王庭的布和，谁得胜，谁就是草原的雄鹰，单于赏千里马一匹，宁胡阏氏另有重赏。比赛现在开始。"

草原上荡起了一片欢呼声。

摔跤手在台下运动，开始准备上场，而号角声、胡笳声、羯鼓声又重新响起。

这时，全草原的人们齐声开始唱歌，这是每次摔跤前为摔跤英雄鼓劲的歌。

浑厚的合唱，拉着长调，彻响在草原的上空。

唱着唱着，豪放的牧民们开始载歌载舞，三个摔跤手则跳起了鹰舞，模仿雄鹰的动作，他们腰胸挺直，两臂平伸，慢悠悠地上下拍动，做出雄鹰展翅的姿态，像鹰一样英武。

王昭君看着万民狂欢的场面，她的心也被这热烈的气氛感染了。

又是三声悠长的号角声，摔跤正式开始。

台下的观众齐声呐喊："放出你的勇士，放出你的勇士！"

几乎与此同时，王昭君看见两个身高体壮的大力士纵身一跃上了场。台下有人开始大声喊："巴图，加油！"

另一方也不甘示弱，大声喊："布和，加油！"

王昭君放眼望去，只见这两个摔跤手高约一丈，腰圆膀宽，身一穿雄壮威武的摔跤服，色泽鲜艳。他们上身穿革制绣花厚坎肩的无袖短衣，是用上等牛皮制作的，边缘用两排铜制圆形钉镶嵌与装饰，远远望去，闪闪发光，背部用圆形图案装饰，似盔甲一样威武壮观。他们下身穿肥大的摔跤裤，外加一条套裤，用白绸布做底，上面贴着各色花样，给人以醒目大方、美观雄壮而又稳健的感觉。只是为了区别，巴图服装的底色是红的，而布和服装的底色是白的。

而且，两人都足蹬牛皮靴，头缠红、黄、蓝的三色头巾，并在坎肩上以五彩的飘带作为装饰。

浑身上下这样的打扮，任何撕、抓、拉也不会伤人或弄烂衣服，可以充分发挥摔跤手的威力。

两个摔跤手在台上相遇了。像放出来角斗的公牛一样，他们慢慢地相互接近，俯身前视，斜睨着眼，射着令人害怕的目光，沿着摔跤场机灵地转动着，十分警惕地寻觅着战机，迫不及待地搓着手，忽而向前进攻，忽而又躲闪一旁，等待战机，突然间又一下子扭斗起来。

如此三四个回合，谁也不能制服谁。对阵双方的牧民欢声震天，都为各自的健儿助威，姑娘们边跳边唱："小伙子呀要勇敢，勇敢呀就能胜利。"

两个人又扭在了一起，而且相互抓住了对方的臂膀，谁也放不开谁了。两个人在台上使劲转圈，台下的观众欢声雷动，喊声、加油声不绝于耳。

连王昭君都忍不住睁大了眼睛看着，屏住气，紧张地等待着。

突然，布和横起一脚，"啪"的一声，巴图轰然倒地。

台下一片欢声，连喊："布和，大力士！布和，大力士！"

紧接着，便是雕陶莫皋小单于上台，他的打扮与巴图、布和并没有什么区别，只是衣服的底色是黄的。小单于往台上一站，明显比布和短了一截，连王昭君都有点担心："他是布和的对手吗？"

布和和小单于相遇了，两人先是低着头瞪着对方，然后步步逼近，接着就像雄狮一样扑上去，扭在一起，使出浑身力气，设法摔倒对方。

布和显然是不把小单于放在眼里，但见他趁小单于不备，猛然用手抓住了小单于的坎肩，然后使出浑身力气开始在台上转圈，他想待小单于转得失去平衡、失去控制时，再猛一下把对方摔倒。小单于倒也不急，跟着布和转圈儿。

这时，台下数以万计的观众"喔喔"惊叫，"加油"助威，"啪啪"鼓掌声，此起彼伏，响彻草原。

正在这时，小单于飞起一脚，猛地一个绊，突然把布和给摔倒了。

霎时，台下鼓声大作，大家开始大声喊："小单于，草原的雄鹰！"

华车上的单于也忍不住欢乐地笑了，王昭君也忍不住鼓掌为小单于祝贺。

作为冠军，小单于得到的是一匹黑色的千里马，王昭君赏赐的是从汉朝带来的礼物——一颗闪闪发光的夜明珠。

小单于领了奖，骄傲地在台上举手向欢呼的人群致意。

几名有威望的长老，又带领观众唱起了浑厚、雄壮的歌，为小单于的夺冠而祝贺：

> 布赫——帖力呗！
>
> 布赫——帖力呗！
>
> 从七勃里挥舞而来，
>
> 震得山摇地动；
>
> 从八勃里挥舞而来，
>
> 踏得山川颤抖；
>
> 从前面猛一看去，

犹如一只斑虎；

从后面乍一看去，

好似一只雄狮；

他有猛虎般的力气，

他有雄狮般的身躯。

这摔跤手的技巧呀，

实在令人惊奇！

秋天傍晚的草原，天上云霞似火。红、紫、蓝、黄，一时像千军万马，一时像苍龙在天，一时像山岩断壁，一时像火海烈焰，变化奇幻，绚丽多彩。

阴山脚下，海子湖边，燃起了一片大大小小的篝火，喧闹的胡乐和牛羊马的嘶鸣，不时由湖边传来。

篝火旁边，豪爽的牧民们，开始烤牛肉、烤羊肉，喝马奶酒，他们边唱边跳，又吃又喝，一派热闹狂欢的景象。

这就是单于和王昭君的新婚之夜。

王庭里又是另外一番景象。一个最大的穹庐里，中间燃烧着三堆熊熊的篝火。篝火上悬着铜炙、铜锅。几个宫庭侍者正在或烧或烤地烹饪着，牛羊肉的香味充满了整个穹庐。穹庐的上方，坐着红光满面的单于，他正在大口喝马奶酒，王昭君坐在旁边，略低着头，有点羞涩的样子，也在小口喝酒。火的光将王昭君的脸照得通红，更显妩媚。穹庐的两边坐着王庭的文官武将，他们都在大块吃肉，大口喝酒。

一片欢声笑语，一派热闹。

匈奴是个骑在马上的民族，马和歌是他们的一对翅膀。不管干什么，他们总喜欢唱歌。这时，骨突侯乌禅幕说："单于，给我们唱首歌吧。"

"好！"单于哈哈大笑。

早有人递了马头琴给单于，单于弹起马头琴，用浑厚的男中音开始唱起古老的民歌：

> 盛在杯中的马奶酒啊，
>
> 主宰万物的长生天啊，啊呀咳——
>
> 请交杯换盏，
>
> 享用这酒中的精华，
>
> 盛在壶中的玉露琼浆，
>
> 高高翱翔的苍鹰啊，啊呀咳——
>
> 请开怀畅饮，
>
> 享用这杯中的佳酿。

这是首祝酒歌，听者无不叫好、鼓掌，然后开怀畅饮。

不知是谁说了一句："让宁胡阏氏为我们唱一曲吧。"

大家一起应和，单于也以期许的目光看着王昭君。

王昭君便命秋菊取来琵琶，抱在胸前，略一犹豫便弹了起来，众人倾耳细听。

先是轻轻的"铮铮"几声，然后是沉寂，仿佛冥思一般，接着便是边弹琵琶边唱，唱的正是那首单于已经听过的《长相知》，听者无不动容，都沉浸在王昭君对于爱情忠贞的表白里，胡人更如听了仙曲一般，纷纷叫好。

这时，座上的一个将军说："骨突侯，你是草原善唱歌的夜莺，给我们唱一曲吧。"

骨突侯便也不客气，让人取了马头琴，说："这次我要给大家唱一曲汉朝的歌，这是我从长安学来的。"

说完，他便一边弹马头琴，一边用他特有的浑厚深沉的声音开始唱：

> 风雪凄凄，鸡鸣喈喈。
>
> 既见君子，云胡不夷！
>
> 风雨潇潇，鸡鸣胶胶。
>
> 既见君子，云胡不瘳！
>
> 风雨如晦，鸡鸣不已。
>
> 既见君子，云胡不喜！

狂欢的宴会一直进行到深夜，许多人都烂醉如泥，由家人扶回自己的穹庐。

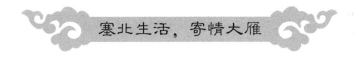

塞北生活，寄情大雁

草原的春天来临了。温暖的阳光融化了阴山的积雪，流下第一泓清澈的涧流，宣告了春天的到来。

草原上冬日的积雪，开始融化，渐渐露出黄黑色的地皮，雪水滋润着泥土，浸湿了去年的草根；被雪盖着过了冬眠的草根苏醒复活过来，渐渐倔强有力地褪去烂叶，奋力地生长起来。

黑河的雪和冰缓缓地融化。在穹庐中过了一冬的牧民们，开始兴高采烈地走出穹庐，来到草地上、河边。他们还能看见冰块在黑河的水中缓缓漂浮，最后漂入海子湖。

王昭君看着草原的春天，觉得欢欣鼓舞，她最爱那些云雀和黄莺。这些可爱的小生灵，不知在哪里过了一个漫长的冬天，而今都鼓起它们的舌簧，为美好的春天歌唱。

天上有时飞过一群从南方过冬回来的大雁，王昭君真想问问它们："可爱的大雁啊！你是否去过我的家乡？你能告诉我家乡亲人的信息吗？"

一天晚上，单于对王昭君说："昭君，我要出去一段时间。"

"到哪里去呢？"

"左贤王庭。"

"那我和你一起去吧。"

"不，你还是待在这儿吧，我让雕陶莫皋教你和春兰、秋菊学骑马。"

王昭君是个很温顺的人，也就不再要求了。过了一会儿，单于说："我要带萧育一块过去。"

"带他去干什么呢？"

"这事暂时保密。"

王昭君也不多问了，她不想问单于不让知道的事。

这是个草原开花的早晨，在无边的绿茵上面，点缀着红、黄、蓝、紫的小花，星星点点的，就像大自然中无数只欢乐的眼睛，初升的太阳露出笑脸，照着草叶上和小花上晶莹透亮的露珠，闪闪发亮。

春兰东瞅瞅、西看看，一会儿摘几朵黄色的小花，一会儿又摘几朵白色的小花。即使连平日沉静内向的秋菊，今天也显得分外高兴。因为她们今天要学骑马，她们多么渴望骑马在草原上自由地驰骋！

走在前面的是雕陶莫皋，他手拿三四根马鞭，身穿宽大的长袍。走在他后面的是王昭君，今天也是一身骑马打扮，头缠一块红布，身穿白色长袍，脚穿黑色皮靴。春兰和秋菊随行其后，她们一样的打扮，都头缠蓝布，身穿红色长袍，足蹬白色皮靴。三人的衣服红白相映，非常美丽。

一行人正走在通往马厩的路上。雕陶莫皋决心为她们先选三匹好马。

进了马厩，群马看见王昭君，纷纷嘶鸣不止，热闹非凡。

雕陶莫皋将她们三人带到一处大约拴着十来匹马的地方，说："阏氏，你自己挑吧，好马是会和你一见钟情的，这些全是千里马。"

王昭君点了点头，自己放眼看去。红的、白的、黑的千里马，匹匹身高体长，威武雄壮。王昭君一眼看中了居中的那匹枣红色千里马，她指着那匹马对雕陶莫皋说："我要这匹。"

雕陶莫皋听了，大惊，说："不行，不行。"

"为什么？"

"这可是匹烈马，它是阴山北面的野马，我和十几个勇士费了九牛二虎之力才将它驯服，它拒绝载草原上的任何姑娘。有一次，阿婷洁姑妈都被摔了一跤呢！阿婷洁可是草原上的姑娘中数一数二的骑手，所以她说，草原上没有姑娘能骑上这匹千里马，它是匹只载男子汉的马。"

王昭君听后，也觉得有点怕，但心中未免扫兴，相中的千里马，难道无缘去骑？但她又不想去强求。

就在这时，枣红色千里马仿佛通了人性，呆呆地看着王昭君，突然欢快地嘶鸣了一声。

雕陶莫皋一惊，心中暗暗吃惊，居然连马都偏爱美人！这匹名为"阿尔斯冷"的千里马，望着王昭君时，眼中平日那野性的光芒突然消失了，眼光变得柔和亲切，还有刚才那声嘶鸣，仿佛它早已认识了王昭君一样。雕陶莫皋相信，人和马的心灵是可以沟通的，便说："阏氏，你便骑这一匹吧。"

王昭君点头同意，她也觉得有点惊奇。

春兰和秋菊都选了一匹纯白色的千里马。雕陶莫皋为她们三人配好了女式的马鞍，然后递给她们三人一人一根马鞭，又命人将挑好的三匹千里马和自己的大黑马牵到草原上来。

太阳升高了，草叶上、花上的露珠也没了踪影；天空湛蓝湛蓝，只在远处的天边，飘着几朵白云；而在草海的深处，时不时传来几声悠长的民歌，还有胡笳和马头琴的声音。

王昭君的心也变得像天空一样纯净蔚蓝，她甚至觉得自己就像一个不谙世事的小孩，心中只有一个愿望：骑上她喜欢的千里马，在草原上自由地驰骋。

王昭君来到她所喜欢的枣红色千里马前，大胆地从侍卫手中接过缰绳。

雕陶莫皋急急忙忙走上前去，怕这匹烈马发怒，发生意外。

令在场的所有人惊奇的是，这匹千里马看着王昭君，居然低下了高傲的头。

王昭君心有所动，将手放在千里马的脖子上，轻轻地抚摸了一下。

千里马阿尔斯冷仰起头，欢快地对天长长地嘶鸣……绝代的美女，绝代的千里马，在草原上、在蓝天下，红白相映，雕陶莫皋都看呆了，这匹千里马仿佛就是为王昭君而生的。

千里马金色的鬃鬃，在阳光的照耀下闪着金光，更显出它的威武、雄壮和天下无敌。

而那两匹大白马，也仿佛与春兰、秋菊一见如故似的，和她们异常亲热。

春兰、秋菊兴高采烈，在两个女兵的帮助下，迫不及待地爬上了马背。骑在高头大马上面，秋菊倒还冷静，虽然心里有点怕，脸上却没有惊慌的神色；春兰有点惊慌，一不小心，马稍一走动，她居然从马上一头栽了下来，幸好是柔软的草原，她一点也没伤着，只激起周围的一片哄笑声。

春兰不服，重新上马，这回她的胆子大了，骑在马上紧紧地抓住缰绳。

两匹大白马，很听话地载着两个红衣女郎，在附近慢慢地游荡。几个女兵告诉她们如何使用缰绳和马鞭，如何驱马快跑，又如何让马停下来。

春兰和秋菊慢慢地觉得不怎么怕了，觉得骑在马上挺舒服还很神气。

"公主，快上马呀！"春兰对王昭君欢快地喊着。

"好！"王昭君看了看枣红色的千里马"阿尔斯冷"说。

王昭君之所以还没有上马，是在用心学，她刚才看着春兰和秋菊如何上马，又听着几个女兵教她们如何骑马。

这会儿，王昭君不用人帮助，来了个轻快地扬身上马，一刹那，人们只觉眼前白影一晃，身穿白色长袍的王昭君早已稳稳地端坐在大红马上，她的两只脚，刚好端在镫子上，王昭君仿佛天生会骑马似的。

周围响起了一片叫好声。

骑在马上，王昭君遥望着远处的阴山。阴山的峰顶，积雪在阳光的照耀下泛着白光；雪峰的下面，是葱葱郁郁的原始森林；森林的下面，是一片葱绿的山麓草场。

王昭君还没有来得及扬一下鞭子，阿尔斯冷已经按照她心中所想的方向，向连绵的阴山跑去……

它跑得那么平稳，使王昭君觉得仿佛不是在略为不平的草原上跑，而是在极其柔软平坦的地毯上跑。

王昭君极为自然地将镫子一磕，两腿稍稍夹紧，阿尔斯冷立刻像箭一般向前飞去……

一开始，人们觉得是一朵红色的云载着一朵白色的云在草原上缓行，后来，人们便觉得是一朵白色的云骑着一朵红色的云朝阴山飞去了，瞬间便只剩了一点白色和红色，马上没了踪影。

雕陶莫皋方才如梦初醒，连忙翻身上马，骑上大黑马朝前追去……

春兰和秋菊也豁了出去，扬起马鞭，驱动白马朝王昭君和雕陶莫皋所去的方向，飞一样地驰骋起来。

王昭君一点也不觉得害怕，只觉得耳旁的风呼呼响，绿色的被野花装饰得色彩斑斓的草原一闪一闪向后倒退，她简直像骑着一匹神驹在腾云驾雾。

她忽然想起童年的梦境。孩提的时候，她总梦见自己骑马驰骋，她的马奔过江南的村庄、跨过千山万水。现在，她才知道，她所渴望的地方就是这样的草原，她所渴望的好马就是这样的神驹。

一路上，她看见无数星星点点的穹庐、羊群、牛群和马群。许多牧民，看见一个白衣女郎骑着大红马飞驰而过，都惊奇地睁大眼睛，看着她远去。

蓦地，不提防前面出现了一条河，有三四丈宽。王昭君想勒马已经来不及了，心中猛一惊，惊慌地自言自语："完了！"

就在王昭君说"完了"的刹那间，阿尔斯冷平稳地腾空而起，滑翔一般飞过河流，又轻轻地落在对岸，继续往阴山奔去。

王昭君松了一口气，更爱这匹神奇的宝马了，不禁问道："宝马啊！你要把我带到何方？"

阴山很快就到了。

阿尔斯冷跑上了山麓草场，而且放慢速度，仿佛故意请它的主人来欣赏阴山的美景似的。

王昭君向前方看去，山麓草场随着山势缓缓地往上延伸，伸到葱郁的原始森林脚下；原始森林的上面，则是气象万千的雪峰，雪峰连绵浮空，直耸天际。

奔过宽阔的山麓草场，人和马来到了原始森林的边缘，阿尔斯冷放慢了速度，但没有停下，王昭君也是信马由缰，心想："宝马啊，把我带到美好的地方去吧。"

阿尔斯冷载着王昭君进入了原始森林。繁密的高大树木遮住了天上的阳光，王昭君觉得眼前的世界变得幽深隐秘，就好像走入梦境一样。

高大的白杨树、松树、柏树，还有许多无法叫出名字的树，直耸云霄，而从繁茂的树叶中间，一束束阳光漏了下来，照在地上厚厚的不知沉积了多少年的落叶上。

林中多么幽静！时不时有松鼠从这一棵树跳到另一棵树上，惊奇地看着来访的客人。许多不知名的美丽的小鸟，在林中飞翔，在王昭君身边盘旋，唱着美妙动人的歌，欢迎着远道而来的客人。

王昭君在这宛如仙境的森林中信马前行，看着、听着，完全被它的美丽迷住了。

忽然，一群五彩斑斓的小鹿，从王昭君身边的树林中钻出，跟着王昭君的马跑。回头看看这些可爱的小生灵，王昭君忍不住说："你们好啊！"

真奇怪，小鹿像能够听懂这个美丽的妇人的话似的，它们欢乐地"呦呦"长鸣起来。小鹿甚至跑到马的面前，站住定定地看着王昭君，它们的眼熠熠闪光，对这陌生的人毫不害怕。

正在这时，前面的森林中响起了一声可怕的吼叫声，紧接着，从林中跳出一个庞然大物，拦住去路。

阿尔斯冷猛然停住，引颈长鸣，王昭君定睛一看，暗暗吃惊："天哪！一只猛虎！"

但见它浑身黑一块、白一块、红一块、黄一块，色彩斑斓，铜铃一般的眼睛正看着眼前的一人一马，血盆大口张开着，仿佛马上就要扑过来似的，小鹿们四处逃窜。

王昭君心想："这下可完了！"

然而随着马的又一声长鸣，凶恶的老虎居然站在原地纹丝不动，不但没有扑过来，反倒奇迹般变得和善，它目光不再凶恶，让王昭君看了，反倒觉得柔和无比。它定定地盯着王昭君。

阿尔斯冷见了，大胆地往前走几步，马和人离老虎越来越近。不料，虎抬头长吼一声，声震森林，尔后，它缓缓地走到一边，让阿尔斯冷和王昭君过去。王昭君的内心无比惊异，真想不到老虎也会对自己这么口下留情。走出几步，王昭君忍不住回头张望，但见老虎还在后面亦步亦趋地跟随着。

老虎在一块巨石上站住不动，抬头长吼了一声，声音在阴山的森林里长长地回荡，仿佛是为王昭君送行。

林中有清澈的溪流，有时平稳地往前流淌，有时遇见岩石，激起一朵朵白色的水花，给宁静的森林倍添幽深。

阿尔斯冷还是稳稳地载着王昭君往前走，仿佛它胸有成竹地要带王昭君往一个地方去似的。王昭君东望望，西看看，觉得今天林中的一切无比神奇，这一切是那么美妙，如同置身于仙境。

突然，眼前变得明亮，原来，王昭君已经来到森林的边缘，透过林中的树叶的缝隙，她已经能够望见眼前白皑皑的积雪的峰顶。马却没有走出森林，而是沿着森林的边缘往东走，水流击石的声音从远处传来。

不一会儿，马在一个水潭边停住。这是瀑布潭。王昭君的耳边，充满了水流的声音。这儿的景色太美了，王昭君忍不住跳下马来细细观赏。仰头望去，一条高二十多丈、宽五六丈的飞瀑，银帘一样地，从悬崖上飞泻而下，声势有如万马奔腾，瀑布落入潭中，激起无数泡沫，飞花碎玉般的水珠飞溅到几丈外；阳光照在瀑布上，瀑布充溢着银光和力量。阿尔斯冷欢快地长长地嘶鸣，然后，它低首饮水。王昭君抚摸着马的脖子，看着瀑布潭的美景，心中充满着奇异的感受。这个潭是如此深。潭中的水白一块、蓝一块、绿一块，仿佛蓝色的矢车菊的花瓣，仿佛白色的巨大的玉石，在阳光的照耀下，时时变幻着色彩，显得特别迷人。王昭君将心中的所有忧伤都抛开了，只有眼前这冰清玉洁的世界。王昭君忽然想起，这匹千里马本来是阴山的野马。她若有所悟，哦，这么美丽的地方，原来就是"阿尔斯冷"的故乡。王昭君忍不住抱住了马的脖子。

阿尔斯冷欢乐地长鸣，这时又有三四只可爱的小鹿，来到王昭君的身旁，它们用可爱的眼睛看着王昭君。王昭君向它们走去，它们也并不转身逃跑。

王昭君走上前去，依次摸了摸几只小鹿的头，它们欢乐地"呦呦"鸣叫。阿尔斯冷嘶鸣了一声，继续往东慢慢地走去。王昭君站着不动。阿尔斯冷回过头来，又嘶鸣了一声，尔后缓缓地往东走去。

王昭君明白了，迈步跟上，随着阿尔斯冷缓缓东行，原来，阿尔斯冷还要带她往另外一个地方去。

转过一块巨石，身后瀑布潭的声音听不见了。阿尔斯冷和王昭君来到了一处幽静的地方——一个温泉。

温泉的水气袅袅上升，一串串像珍珠似的泉泡不停歇地从池底鹅卵石层中慢慢升起，浮上水面。水池映着蔚蓝的天光，又被阳光照耀着，显得无比可爱。

温泉是圆形的，直径大约有十丈，三面长满葱郁的野草，由于这儿的温暖，草长得特别碧绿，红的、黄的、白的、蓝的野花点缀在绿草的枝头，更显温泉的浪漫美丽。温泉靠雪山的一面，是高约十来丈的悬崖峭壁，在水气中若隐若现。阿尔斯乐地长鸣，缓缓地走入温泉中，下去沐浴了。王昭君的心一动，看了看四周，静静的，什么声音也没有。她只犹豫了一会儿，便极快地解下红头巾，脱下白色长袍和马靴，除去身上的所有衣服，咚的一声跳入温泉中。

江南长大的王昭君，从小就会游泳。她浑身光溜溜的像鱼一样钻入水中，这才发现，温泉并不深，一人多深的样子。

温暖的泉水拥抱着王昭君的每一寸肌肤，她觉得浑身无比的舒服。她闭上眼睛，静静地享受着温泉水的浸泡。她的心中一尘不染，仿佛是在绝妙的仙境。

阿尔斯冷缓缓地朝王昭君游了过来，王昭君亲热地抱着马的脖子。阿尔斯冷用温柔的目光看着王昭君。

这时，小鹿不知从哪儿走了出来，看着温泉中的马和人"呦呦"长鸣；而温泉边的草中，不知何时钻出了一些五彩斑斓的小鸟，纷纷亮开自己的歌喉，为王昭君这沐浴中的绝代美女而歌唱。

王昭君游到了石壁底下，不经意地抬头仰望，在温泉的袅袅水气中，无比惊奇地看到上面刻着四个斗大的字：阴山宝泉。下面还有一个人的名字：宇文成。

王昭君的心猛然一惊：宇文成！

王昭君的心乱了，回头四处张望，除了马、鹿、小鸟，却什么也没有。她又仔细地审视那石壁上的字，但见"阴山宝泉"四个字的字体不一样，"阴山"两个字有棱有角一些，大约是用剑刻的，"宝泉"两个字圆润一些，像宇文成的字体，大约是用箫刻成的；下面"宇文成"的落款与上面的字同出一辙。这些字出自宇文成是无疑的，显然，他尚在人世，而且还来过阴山。

再一细看这几个字，因为温泉水气的滋润，苍劲挺秀的大字上已经长起青苔。看着、看着，王昭君想起宇文成过去对自己的一往情深，不由得又高兴又悲伤。高兴的是，他尚在人世；悲伤的是，他至今音讯全无，也不知何日得见。

王昭君不由得唱了起来：

青青子衿，悠悠我心。

纵我不往，子宁不嗣音？

青青子佩，悠悠我思。

纵我不往，子宁不来？

挑兮达兮，在城阙兮。

一日不见，如三月兮。

王昭君陷入了深深的忧思。宝马、小鹿和小鸟都停止了嘶鸣，静静地倾听王昭君的歌声。正在这时，两只美丽的小鸟飞来水上，在王昭君的头上盘旋，引起了王昭君的注意。

这两只小鸟，紫红色的头，雪白色的腹，却张开着两对蓝色的翅膀，在温泉的水气中，缓缓地飞行。

王昭君看得呆了，忘记了唱歌。正在这时，从上面的雪山上传来隐隐约约的箫声，它是如此突然，又是如此悠远，仿佛天籁一般，王昭君侧耳一听，居然是她刚才唱的《子衿》的曲调。王昭君都听得痴了，她忽然想："莫非是宇文成？"她再一细听，是啊，这样哀怨美丽的箫声，除了宇文成，还会有谁？

王昭君不由得大声喊起来："宇文成，你在哪里？"

忽地，箫声停止了。王昭君再大喊了一声，但除了回荡在山村中的回声"宇文成，你在哪里"之外，什么声音也没有。

温泉中的王昭君呆了，眼泪忍不住流了下来，她想："难道是我听错了？"

但她又马上否定了自己："不，不可能！"

王昭君还是不停地呼唤，但除了回音，什么声音也没有。

她忍不住嘤嘤地抽泣起来，心中在想："宇文成啊宇文成，你为什么不出来见我？"

白玉一般的王昭君，伤心地坐在草地上哭了。阿尔斯冷也爬上岸，怜惜地看着伤心落泪的主人，用自己的舌头温柔地舔着王昭君洁白的双足。

蓦地，王昭君听见有声音清脆地叫着："宇文成！宇文成！"

王昭君止住哭，惊异地抬头往发出声音的地方看，却什么人也没有，眼前只有两只美丽的小鸟在低低地飞翔。她更加惊奇了，站起来四处张望，并且惊慌地拿白色长袍来遮住自己赤裸的胸前。这时，"宇文成！宇文成"的叫声又响了一遍。

王昭君这才看清，原来是这两只可爱的小鸟在叫。

王昭君不由得绽开了美丽的笑脸，哦，多么美丽可爱的小鸟。她忍不住伸出了双手，轻声对它们呼唤："可爱的小鸟，过来！"

两只小鸟听话地飞来停在王昭君的手上，在它们红色的头上，长着一对黑溜溜的机灵的眼睛，正看着王昭君。

王昭君细细地观赏着它们，她的心暂时忘却了忧伤。

王昭君若有所思地说了声："小鸟，去吧。"便将双手轻轻地往上一举，让它们飞回空中。

王昭君穿上自己的衣服，坐在温泉边的一块青石上望着泉水沉思，她手托腮帮，眼睛充满了忧伤。她确信宇文成就在附近，她也确信他听到自己的喊声了，她不明白，宇文成为什么不肯出来见她。

太阳慢慢地爬过阴山顶上的雪峰了，这边的阴山略略显得暗下来，王昭君后面的原始森林，更加幽深神秘了。

阿尔斯冷开始站在王昭君身边不住地嘶鸣，仿佛在提醒它的主人日头已西斜，是回去的时候了。

而王昭君是多么希望，宇文成会突然出现在她的面前，她在想："哪怕今生今世从此只见这一面也好啊！"

最后，她看着愈加变得灰暗的天色，叹了一口气，只好翻身上马。

阿尔斯冷载着王昭君，又经过那瀑布潭，缓缓地进入森林，往山下的山麓草场走去。

王昭君如梦如痴，脸上还挂着泪珠，眼眶中还满含泪水，听凭阿尔斯冷缓缓载她在林中穿行。

忽然，王昭君发现自己的肩上落着什么东西，她用手摸去，原来是一只小鸟，举到眼前一看，还是那只美丽的小鸟，她的肩上还落着另外一只。

王昭君把它们放回空中说："回家吧，小鸟。"

两只小鸟却又飞了回来，依然落在王昭君的肩头。如此反复了三次。

王昭君心想："难道它们是想跟我回家？"

王昭君不再赶它们，一边在林中走一边教它们说："春兰、秋菊。"

将近黄昏的林中，变得更暗，林中时不时有虎的吼声、怪鸟的鸣叫声，但王昭君一点也不觉害怕。

忽然，有洪亮的男人的声音在喊："宁胡阏氏！宁胡阏氏！"声音焦急而短促。王昭君一听，是雕陶莫皋的声音。紧接着，是春兰和秋菊带着哭腔的呼唤声："公主！公主！你在哪里？"

原来，阿尔斯冷已经载着王昭君来到山麓草场边上的森林了。

王昭君应了一声，然后一磕镫子，阿尔斯冷加快了速度，瞬息之间来到雕陶莫皋和春兰、秋菊的面前。王昭君一勒缰绳，千里马稳稳停住。但见周围除了早上一起出来骑马的人外，又多了许多身着戎服的王庭侍卫，他们个个腰戴佩刀、手持长矛，一副临阵打仗的样子。

见到了王昭君，许多士兵高兴地大声喊起来："宁胡阏氏回来了！宁胡阏氏回来了！"

雕陶莫皋松了一口气说："阏氏，您可把我们急坏了。我们在森林找过许多遍了，可就是找不着您。"

春兰和秋菊则连忙下马，跑到王昭君的马前说："公主，这么长时间，你往哪里去了？我们都担心你被老虎吃了呢！"

王昭君笑笑，说："没什么，这不回来了吗？"

突然，王昭君肩上的小鸟齐声叫了起来："春兰！秋菊！春兰！秋菊！"

众人一看，见是一对小鸟，都笑了。

雕陶莫皋说："天快黑了！我们快回去吧！"

大家纷纷上马，策马扬鞭，奔下山麓草场，朝王庭的方向驰去。

在路上，他们碰见了前来寻找的手举火把的王庭侍卫和牧民，一条长长的火龙在草原上移动。

那个晚上，王昭君在月光中弹着琵琶，唱着歌，将白天的故事全都讲给春兰和秋菊听，春兰和秋菊说："公主，你编这么美丽的故事给谁听？我们不信你！"

那个晚上，王昭君做了一个梦，梦见她重回阴山，重回温泉，那里的峭壁上有十个字在月光中闪着金色的光芒。

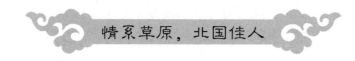

情系草原，北国佳人

单于的王庭前号角齐鸣。

萧育和几十个士兵一身汉服，整装待发；不远处，一百名王庭骑兵，一身胡服，佩弯弓、拿长矛，雄赳赳气昂昂地分成两队站列。

王昭君赶到时，单于和萧育正在殷殷话别。

"萧正使，一路上多加小心。"单于说。

"多谢单于派一百名骑兵护卫，我面见天子，一定转述单于好意。"萧育说。

"萧正使面见天子，请向天子面述匈奴永与汉朝修好之意，并将那些礼品作为贡品献与汉朝。"单于一边说一边指了指附近五六驾裹得严严密密的马车。

"那当然，那当然。"

单于见王昭君也前来为萧育送行，等王昭君近前来，说："昭君，萧正使南回长安，你有什么事要嘱托吗？"

王昭君说："事倒没有，只托萧正使告与汉天子，汉朝要永远与匈奴修好，再也不要骨肉互残，伤害百姓。"

萧育点头答应。

说罢，萧育挥挥手，吩咐出发。

几十名王庭侍卫在前面开道，萧育随行于后，中间几十名汉兵押着马车，前后又是五六十名王庭侍卫。

看着即将离去的萧育，王昭君想得很多，她想起他所要去的地方，那辛酸而又美丽的地方；她想起他的侠义心肠，忍不住眼睛一热，滚出了几行热泪。

王昭君发现，萧育在不住地往回看，最后对王昭君喊："公主，你多保重！"

萧育的心情，全都蕴含在这一句话里。他说罢，头也不回地朝草原深处走去。

忽然，刚才还明亮的天变得阴暗起来，王昭君抬头往天上看，发现一朵云遮住了太阳。王昭君看了看慢慢远去的萧育的队伍，心中忽然有种不祥的预感。

半个月以后，萧育行到五龙山附近，他望着那多年前激战过的地方，心中发出无限感慨：当年的刀光剑影，都已成一去不复返的往事。而今，王昭君已经安居草原，只有他一个人重回长安。

萧育已经能够望见长城，只要顺利，再过一两天的时间，他就可以越过长城，进入上郡、北地郡地域。

重回长安，只是顺从天子的旨意罢了，至于他本人，他宁愿无所事事地长住草原，陪着王昭君，看着王昭君，这就足够了。功名利禄，于他如粪土一般，他觉得，只要看到王昭君，他就会有一种难以言说的感觉。王昭君觉得是萧育保护了她，而在萧育看来，王昭君才是他的依赖。只要有王昭君在，萧育就觉得踏实。

此刻的萧育，只愿早点回到长安，向汉天子复命，然后早点重回草原。刚去的时候，萧育觉得草原寂寞、荒凉、无事可干，但是，生活了一段时间后，他又觉得以前在汉宫的生活太单调、死板，而在草原的生活，倒是丰富多彩，他可以骑马、打猎、弯弓射箭……

　　只是每当萧育想起自己的身份来，就觉得无名的悲哀，岁月的流逝已经磨损了他的悲哀，他所有的，或许只是淡淡的无法说清的哀愁。

　　萧育一边想着一边往长城的隘口走去。

　　忽然，无数匹马的嘶鸣声，嗒嗒马蹄声划破了黄昏的宁静。

　　哪儿来的这么多马？萧育警觉地回头望去。声音是从西边传来的，天边的残阳如血，但没有看到人，天空中弥漫着灰尘。

　　萧育细听越来越近的嘈杂的马蹄声，心生警觉，急令队伍就地停住。他叫来了王庭侍卫的两个领头将军巴雅尔和巴尔斯，对他们说："这是怎么回事？怎么会有这么多的马蹄声朝我们而来？"

　　两个将军也面露疑色，说："单于已经命令匈奴的军队放行，不会是匈奴士兵，会不会是一伙盗贼？"

　　萧育点了点头，急令所有士兵占据有利地势，准备应敌。萧育自己一马当先，对着马蹄声传来的地方昂然观望。

　　不大一会儿，一支人数不下千人的队伍渐渐出现在萧育的眼前，令萧育惊奇的是，他们个个身穿胡服，佩弯弓，手持长矛，骑在马上急驰而来。

　　这支队伍来到萧育眼前，往左右分开，将萧育等一百来人团团围住。

　　萧育大惊，急问："来者何人？"

　　只见为首的一个中年汉子朗声说："萧育，你受死吧，我是匈奴左贤王帖木儿。"

　　萧育惊异地说："左贤王，这是为何？"

巴雅尔认得左贤王，急忙催马上前，说："左贤王，萧正使乃受单于之命南回长安，单于已经明令通行，你别误会。"

左贤王大怒，喊道："巴雅尔，你这个匈奴的叛徒，你受死吧。"

说完，左贤王便催马持大刀直杀过来，巴雅尔大惊，举矛一挡，退开几丈以外，说："此话怎讲？我受单于之命，护送萧正使入关，怎么会是叛徒？"

左贤王大声说："巴雅尔、巴尔斯，你们两个败类，勾结汉朝，意图谋反，今日我受单于密令，格杀勿论，弟兄们，给我杀。"

一个"杀"字出口，说时迟，那时快，一千五百个左贤王的骑兵挥动长矛，向萧育他们杀了过来。

萧育知道多说无用，挥起长剑，指挥众人对敌。

这真是一场惨绝人寰的血战。霎时，血肉横飞，喊杀声、哭号声，响彻云霄。激战中巴雅尔、巴尔斯和一百个王庭侍卫全都葬身沙场，几十个汉朝士兵也几近死绝，只有萧育带了两个贴身士兵，杀开一条血路，冲出重围。

夕阳西下，三人浑身是血，身受重伤，伏马往长城急驰而去。

左贤王带领一百多名骑兵紧追不舍，萧育灵机一动，带领两个士兵跳下马匹，躲于一块大石之后，让马匹往前狂奔。这时，暮色已经降临，人和马都看不太清，左贤王带人急追而去。

夜空中，左贤王大声喊："萧育，你跑得了今日，跑不了明白，三天以后，我定带兵两万，直捣长城，直取长安……"

趁着暮色，萧育三人忍着痛，星夜兼程，于第二天黎明到了长城隘口，那儿的士兵都认得萧育，见他这副狼狈的模样，大惊失

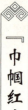

色，一边想法给他疗伤，一边询问情况。

萧育急令他们燃起烽火向边地几郡报警，霎时，烽火四起，守卫长城的士兵和将领都做好了迎战的准备。

萧育在当天骑马赶往上郡、北地郡等边地几郡，让他们各自增派将领士兵守卫长城。萧育虽然觉得这事有点蹊跷，但他又觉得不得不防备。

从心底里，萧育不相信单于会背信弃义，与汉朝为敌，但这又是怎么一回事呢？

萧育派两个士兵先回长安，自己也往长城驻守，决定静观事态发展。

单于王庭的大帐内，空气沉闷。

左贤王和温敦侍立在侧，骨突侯乌禅幕则在帐内焦急地来回踱步，单于阴沉着脸，坐着不说话。

骨突侯忽然站住，问左贤王："左贤王，你说的都是真的吗？"

"那还会有假？"左贤王说，"昨天黄昏，我带着一些人在边地围猎，忽然听见前面有喊杀声，我连忙带人过去看看怎么回事，等我赶到时，那儿的战斗已经结束了，地上躺满了王庭侍卫的尸体，一支汉族骑兵，有五六百人，正往长城方向驰去。我怕寡不敌众，不敢追赶，下马来找到一个奄奄一息的侍卫，问他怎么回事，他告诉我是萧育和汉朝官兵劫杀了他们。他还说，汉兵要在三天以后杀过长城，将王庭夷为平地。"左贤王说得有理有据。

"岂有此理？"单于拍案而起，"我待萧育不薄，我待汉朝不薄，他们何故如此待我？"

乌禅幕急忙说："单于息怒，依臣之见，萧育不是这样的人。"

单于沉默不语。

温敦说："单于，刚才王庭侍卫的尸体你都看到了，此事还会有假？"

单于若有所思，乌禅幕一筹莫展。

"单于，我们得有所准备啊！"左贤王说，"否则的话，三天以后，汉兵来攻，匈奴就危险了。"

单于点头同意。

温敦说："干脆我们先发制人，明天就发兵直捣长城，直取长安。"

单于看了他一眼，并不说话。

乌禅幕忙说："不可，不可，我总觉这事有点蹊跷。"

"如何蹊跷？"单于说。

"臣素知萧育的为人，萧育不该是这样的人。"

"我也觉得萧育不是这样的人。"

左贤王说："或许萧育不是这样的人，但汉代朝堂之上，往往纷争不已，萧育有可能受人指使，也有可能被人蒙蔽。"

"这倒有可能。"乌禅幕说。

"依我之见，先派兵防备长城一带，否则，汉兵长驱直入，匈奴将不堪设想。"温敦说。

单于终于下定了决心，对左贤王和温敦说："你二人速调骑兵数万，前往边关防守，但不许擅自出击，不许进入长城以内。"

左贤王和温敦连忙领命去了。

单于在帐内徘徊良久，心中不是滋味，难道汉朝和匈奴又要重兴甲兵了吗？他的心一下子乱了，自从自己做了汉朝的女婿，边关和平了几年，老百姓安居乐业，而现在，难道又要将边关的百姓推入血雨腥风的残酷争战中去吗？

他想起了王昭君，不管如何，单于相信王昭君。他马上出了大帐，骑马往海子湖畔的小木屋奔去。

今天的单于，只是坐着闷闷不乐地喝茶，没有往日的笑容，只是呆呆地坐着，王昭君觉得非常奇怪，便问道："单于今日何故闷闷不乐？"

单于抬头看了看王昭君那美丽的无比关切的大眼睛，说："萧育临走前与你说过什么吗？"

昭君想了想，说："没说什么呀！只说些平常的话。"

"哦。"单于又低头不语。

王昭君的心"咯噔"了一下，知道不好，便说："怎么，出了什么事？"

"他在边关劫杀了我派去护送他的一百名骑马侍卫，一个不留，而且扬言三天后带兵直捣匈奴王庭，将我匈奴灭绝。"

"不！这不可能！"王昭君闻言大惊。

"我已经看到了那一百具尸体，这又做何解释？"

"萧育不是那样的人，他此次回去，真是汉朝命他回去的，但绝对不是为了这事，他绝对不会做出这样的事！"王昭君竭力为萧育申辩。

"我也觉得萧育不是这样的人，但那一百名骑兵恐怕肯定是为汉人所杀，否则，何人如此大胆？"

"会不会是有人从中挑拨汉朝与匈奴的关系？"王昭君猜测。

单于低头不语。

"你打算怎么办？"王昭君问。

"我已派人防守边关一带，只好静观事态发展。"

"哎，边关刚刚和平了几年，怎么会出这样的事呢？"王昭君担心地说。她看了看外面的海子湖，不知何时起了风，海子湖变得波涛翻滚，动荡不安。

"单于，不好了！"忽见一个骑兵气喘吁吁地跑进来，对单于说，"温敦将军让我回来送信，说汉人先行进犯，他与左贤王组织队伍要在中午向长城进攻，直捣长安，让单于您派兵支援。"

"胡闹！谁让他们进攻长城？"

"温将军说，是汉人先行进犯的。"

"先行进犯也不许进攻长城。快，你快回去转告他们，说我命令他们只许守，不许进攻，我随后就来。"

"是。"

一阵紧急的马蹄声将送信人带走了。

王昭君也慌了，说："这，这是怎么回事？"正在这时，门外响起了马蹄声，进来的是气喘吁吁的乌禅幕。他说："单于，宁胡阏氏，大事不好！"

"什么不好？你慢慢说。"单于说。

乌禅幕喘了口气，说："我总觉这事情没那么简单，刚才我又去仔仔细细地看了左贤王运回来的那些尸体，我发现，其中一些人是被我们匈奴人的毒弩所伤，而后毒气攻心才死的。你说，汉人怎么会用匈奴人的毒弩来杀王庭侍卫呢？这其中肯定有蹊跷，恐怕是有人挑拨汉朝与匈奴的关系……"

说着说着，乌禅幕若有所悟，自言自语道："难道，难道会是我的儿子温敦？"

单于猛然省悟，说："不好！刚才还有骑兵回来报告说他们要进犯长城，直取长安呢！"

"快，我们快点赶往边关。"

单于转身就往外走，王昭君说："我也去。"

单于迟疑了一会儿，点头同意。

三人出了小木屋，翻身上马，挥起马鞭，飞一样朝边关奔去。

边关上，汉代上郡、北地郡一带长城以外，汉兵和匈奴兵对峙，杀气腾腾。

旌旗在塞外的狂风中猎猎飞扬，万马嘶鸣，弓箭手拉开了弦，骑兵手持长枪、长矛，严阵以待。

这时的塞外，狂风大起，飞沙走石；一片云遮住了太阳，天变得昏暗；一场血雨腥风的苦战似乎已如上弦之箭，势在必发。

汉兵有一万多人，萧育骑着马，提着剑，皱着眉头，看着前面队列整齐的匈奴军队。

匈奴兵仅是骑兵就有大约两万人，另有五六千名步行的弓箭手，左贤王和温敦趾高气扬地骑马站在中间，脸上挂着得意的笑容。

这一切，都是温敦和左贤王密谋已久的计策。他们在路上劫杀萧育的队伍，连一百名王庭侍卫也斩尽杀绝，然后向单于谎称这事乃萧育所为，又向萧育说自己是奉单于之命而行事，这样，便可挑起边关争端。他们知道，这事终究要泄露，但他们已经从单于那儿骗得了出兵权，只要以优势兵力摧毁汉代的长城防线，而后直捣长安，将长安夷为平地，将汉天子杀死，那时，单于还有何话好说？

感激都来不及呢！

温敦想至此，便止不住高兴。他恨王昭君，仿佛这样做，便可以向王昭君报仇一样。他在心里说：王昭君啊王昭君，你现在是单于眼里的好阏氏，我扳不倒你，但我可以将你的邦国赶尽杀绝。

温敦和左贤王抱了将在外君命有所不受的打算，刚才派骑兵谎报汉兵先行进犯匈奴，因而一心一意地想打败眼前的汉兵，越过长城，直捣长安。

他们没有想到，萧育居然这么快就集合了这么多汉兵来防守长城。但是，他们也不怕，论兵力，汉兵不及匈奴；论体力，匈奴骑兵个个人高马大，骁勇异常，自不在汉兵之下。

温敦和左贤王互相看了一眼，对身旁的一名士兵说："吹号角。"

吹号角是进军的信号。那名士兵将号角放到唇上，正待昂扬地吹起——说时迟，那时快！后面有人大声喊："让开！让开！不许进攻！"

士兵们听得是单于的声音，纷纷拨马让开一条路来，吹号角的将士立即放下号角。

温敦放眼看去，灰尘激起处，一溜烟儿跑来了三个人，领头的是单于，居中的是王昭君，随后的是他的父亲乌禅幕。

温敦和左贤王一看，心知不妙，却故作镇静，上前对单于施礼说："单于，你来了。"

单于"哼"了一声，不搭理他们，只传令匈奴士兵收起箭和长矛，往后退三百步。

这空当儿，两边的军兵，不管是汉兵，还是匈奴兵，都将目光齐刷刷地投向了单于身边的王昭君。有些没见过王昭君的人心中暗暗惊叹：哦，真是天仙一样的美人，耳听为虚，眼见为实，今日一见，真是不枉此生啊！

他们纷纷放下手中的武器，简直忘了这是在战场上。

这空当儿，王昭君毫无畏惧地催马上前，直奔汉兵阵地，她边跑边说："萧育可在这儿？"

萧育也看见她了，忙催马上前，施礼见过王昭君。王昭君问："萧育，这是怎么回事？"

萧育将自己半途受到左贤王的骑兵劫杀的事讲了一遍，并说左贤王自称受单于之命。

王昭君"哦"了一声，明白了，便说："萧育，你与我过去和单于说个清楚吧，单于受人蒙骗了。"

萧育催马与王昭君一同来到了匈奴阵前。

左贤王与温敦一看不妙，翻身下马，跪在单于马前，说："单于，我们是为你好啊！灭了汉朝，中原的土地岂不都是我们匈奴的。"

"大胆！一派胡言！"单于气得七窍生烟，大声喊，"来人，给我拿下！"

早有人上来将左贤王和温敦拿下，五花大绑起来。

乌禅幕也翻身下马，说："单于，你把我也治罪吧，都怪我没有教好这个孩子！"

单于低头叹息，说："唉，骨突侯，我就像知道蓝天一样知道你的心，你深明大义，我不怪罪你，你何罪之有？"

乌禅幕回过头去，狠狠地看着温敦，说："亏你还是我的儿子，你怎么这样不明事理啊！"

单于对萧育说："萧正使，此次事出有因，望你告知汉天子，不要怪罪。"

萧育施礼说："单于放心，我会将一切情况禀报清楚。"

单于喝令："来人，将左贤王和温敦斩了。"

"是。"刀斧手答应一声，举起了明晃晃的大刀。

"且慢，"王昭君叫住了刀斧手，对单于说，"单于，温敦和左贤王是有罪，但罪不至死。"

"那怎么办呢？"

"还是让萧育将他们押回汉朝，由汉天子发落吧。汉天子定会秉公办理的。"

单于明白，王昭君是想保住温敦的性命。温敦毕竟是老臣骨突侯的唯一儿子，是他妹妹阿婷洁的丈夫啊！他点头同意了。

于是，萧育押了温敦和左贤王，回汉兵阵地。

一场血战得以避免。

士兵们的脸上，露出了笑容，他们开始大声地喊："宁胡阏氏千岁、千千岁！"

初冬的草原，萧瑟荒凉。春夏长起来的草变得枯黄，又在风中折弯了腰。

牧民们从草原上骑马走过，经常会看见狼、狐、獐、狍等野兽，因为枯萎低矮的草丛掩盖不了它们而到处乱窜。

正是狩猎的好时机。

单于已经习惯于每年初冬围猎，这是王庭上下的节日，围猎其实也是很好的娱乐活动。

初冬早晨的太阳懒洋洋地照在人们身上，单于意气风发，手持弯弓，肩背箭羽，一副老来益壮的样子，端坐在华车上。在他的两旁，左边坐着的是王昭君，右边坐着的是萨仁阔氏，两人笑容满面，有说有笑。

十八匹千里马，轻快地拉着华车往草原深处跑。华车的前面和后面，各有三四百名王庭侍卫，全都佩弯弓，执长矛，一行人偃旗息鼓，在草原上行走了一个时辰，来到一处草长地凹的地方，单于兴奋地站了起来，知道这肯定是猎物众多的地方。

他一打手势，前面的队伍一字形排开，快速往两边行走，成一弧形往那块草长地凹的地方包抄过去。

不一会儿，这块有好几千丈方圆的草地就被围得水泄不通。

霎时，号角齐鸣，成圆形的队伍渐渐地往里包抄。

有人放出了王庭里驯养的名叫"海东青"的猎鹰，王昭君一看，这种猎鹰的体积大约有江南的鹈鹕那么大，尾巴像燕子，脚爪像鹦鹉，飞行却极为神速。但见它俯身一冲，一会儿的工夫就俘虏了一只肥壮的野兔，在空中，野兔还在挣扎……

包围圈越来越小，人们的呐喊声、号角声惊动了藏身在草丛中的野兽，草丛中一会儿钻出一只狼来，一会儿钻出一只獐来，一会儿钻出一只狍来，乱作一团，想往外跑，又跑不出去，只好往里乱窜。也有拼命往外窜的，被骑兵一箭就射倒在地，抽搐了几下，动弹不得。

包围圈越来越小，越来越小，忽然，草丛中钻出了两三只青面獠牙的野猪来，直往外冲。

单于挥了挥手，后面迅速有人从马车上卸下一个笼子来，王昭君往笼子里一看，见是一只豹子。她不禁诧异，问单于说："这是干什么？"

"你看了自会明白。"

几个士兵开了笼子门，豹子大吼一声，从笼中蹿出，直往前面的野猪冲去。

在众人的呐喊声中，豹子所向披靡，极为迅捷地将一只只野猪扑倒在地……

单于对王昭君说："这是驯养的豹，在狩猎前，它已经被饿了好几天，因此一出笼子会这么凶猛。豹捕食的特点是不捕到一个吃一个，而是连续捕杀，然后再吃。"

王昭君看时，但见豹已经将两三只野猪全部杀死，正蹲在地上享受美餐呢。王昭君奇怪地说："不怕它伤人？"

萨仁阏氏笑着说："不怕，它是经过驯服的。"

正在这时，一只小鹿从华车面前的草丛中蹿出，单于急忙弯弓搭箭……

小鹿一看，居然停住了，并不逃跑，向着华车上的人"呦呦"哀鸣。

王昭君一看，顿生恻隐之心，说："单于，放了它吧。"

单于看看王昭君，欣然放下了弓和箭。

小鹿还是呆呆地看着，蓦地，它奔跑起来，一蹿，上了华车，来到了王昭君的身边。

单于笑了，说："小鹿都爱美人呢！"

萨仁阏氏也哈哈大笑。

王昭君亲切地摸着小鹿的头。

狩猎结束了，人们在尽兴围歼之后，获得丰盛的猎物，满载而归。

单于毕竟年事已高，围猎回来后，因为受了风寒，一病不起。

连日来，王昭君无微不至地服侍着单于。但单于的病非但没有好起来，反倒愈来愈重。

王昭君有种不祥的预感，她知道，草原上的人健康强壮，很少生病，一生起病来，就很难好转。

这几天她的心乱极了，望着越来越憔悴的单于，她经常暗暗地落泪。

单于仿佛也有种预感，经常用无限留恋的目光看着病床旁的王昭君，他要求王昭君一遍又一遍地给他弹唱那首《上邪》，说他最爱听了。往往是弹着弹着，唱着唱着，王昭君就忍不住落下泪来。

一天早上，王庭中最好的太医又来给单于看了看病。他走出单于住的穹庐，让人将王昭君叫出去，叹了口气说："哎，草原的雄鹰就要坠落了。"

王昭君明白了，强忍着泪，派人将娜仁阏氏、萨仁阏氏、雕陶莫皋、阿婷洁、乌禅幕等人全都叫了来。

众人齐集在单于床前，眼含热泪，万语千言，又无从说起。

单于轻轻地说："昭君，你过来。"

王昭君走了过去，单于用疲乏无力地手握住昭君的手，指着雕陶莫皋说："雕陶莫皋，你要照顾好她。"

雕陶莫皋泪流满面，连忙双膝跪下，说："阿爸，你放心，我会照顾好她的。"

单于点了点头，他又对乌禅幕说："骨突侯，看来我要先走了，雕陶莫皋年幼无知，你要多多教导他，与汉朝要永修和好，不要争战。"

骨突侯泪如雨下，跪下说："单于，臣遵命。"

单于又指指萨仁阏氏和娜仁阏氏说：

"王昭君远嫁我们匈奴，孤苦伶仃，你们要好好看待她，和睦相处。"

两位阏氏泣不成声，连连称是。

说罢，单于微微一笑，对王昭君说：

"昭君，再给我唱一曲吧。"

昭君含泪答应，春兰忙将王昭君的琵琶递上。

就在病榻之侧，王昭君半抱琵琶，边弹边唱：

> 上邪！
>
> 我欲与君相知，
>
> 长命无绝衰。

大家都在王昭君凄婉的歌声、琵琶声中泪如雨下。

单于含着笑，溘然长逝。他脸上的笑容，说明他仿佛不是死神的俘虏，而只是升到幸福的另一世界去了……

众人放声痛哭……

王庭的侍卫也放声痛哭，为草原失去了一代英主而悲痛……

草原上，有人吹起了悲伤的号角和胡笳，在上空久久地回荡。

不知何时，初冬的第一场雪在狂风中降临了，风雪弥漫了整个草原。

草原变成了白皑皑的世界。

白雪茫茫的草原走过送葬的队伍。

号角和胡笳低低地哀鸣，送葬的队伍，披麻戴孝，很长很长。

王昭君坐在马车上，走在队伍的中间，她的泪已经流干，欲哭无泪，她看看白茫茫的世界，觉得无比的哀伤而又迷茫。

当单于在阴山脚下下葬的那一刻，几万牧民哭作一团，哭声震天动地。

王昭君的心一沉，她觉得她心中的什么东西也永远地跟着单于走了，被葬身在这白茫茫的雪的世界中……

她想得很多很多，想起长安，想起新婚，想起初到草原的岁月，想起单于对她的关切和爱护……

她忍不住又失声痛哭起来……

这一刻，她觉得自己是那样孤独无助，爱她的单于走了，还有谁能保护弱小的她呢？

在阴山的山麓上，王昭君看看空旷的雪原，感到孤独、哀伤和迷茫。

入乡随俗，夫死从子

按照匈奴的风俗，呼韩邪单于的长子雕陶莫皋继承单于的王位，成为复株累若鞮单于。

前面已经说过，匈奴人骑马射箭，弱肉强食，保留着很多比较原始的风俗，其中就有一个让昭君难以接受的礼俗——收继婚制。"父死，妻其后母"，意思是说，父亲死了，做儿子的可以继承父位，同时可以将自己的后母娶过来做自己的妻子。这个习俗，是和汉朝的礼数相违背的。在汉朝，母即母，子即子，作为儿子的，无论如何也不能对自己的母亲有非分之想。匈奴这样的风俗，在汉朝中原就算乱伦了。

　　本来，呼韩邪单于去世以后，王昭君就万念俱灰，现在听说这个风俗，更是不能接受，立即上书汉朝皇帝，说明匈奴的风俗与礼教的背离，请求归汉。王昭君以为，自己已经完成了使命，现在匈奴的收继婚制风俗有悖自己的伦理观，汉朝一定不会同意的。王昭君也坚信，汉朝不会让自己的公主在匈奴受这样的侮辱。但是，现在在位的已经不是那个对昭君依依不舍的元帝了，而是元帝的儿子汉成帝。成帝对王昭君并没有什么印象，虽然得到了公主的封号，但王昭君毕竟不是汉朝的公主。看到王昭君的书信，汉成帝几乎毫不犹豫地从汉朝利益出发，下诏书，令王昭君以大局为重，继续待在匈奴，并入乡随俗，继续做新单于雕陶莫皋的阏氏。

　　王昭君已经在塞外待了好几年，虽然呼韩邪单于对她不薄，但毕竟呼韩邪单于已死，王昭君想要回到汉朝，也是合情合理。王昭君满怀希望，终于等到汉成帝的诏书，结果却是命自己入乡随俗，王昭君欲哭无泪，也只好忍受极大的耻辱做了雕陶莫皋的阏氏。再说呼韩邪单于的长子雕陶莫皋与昭君年纪相仿，也是一代豪杰，继承了呼韩邪单于的谋略和才能，既骁勇善战，又具有远见卓识，自从见到王昭君，就梦想也能够像自己的父亲一样，娶到这样的女子。在匈奴人的草原上，美丽的女子就应该得到大家的喜爱，这是毋庸置疑的。父亲去世，长子娶自己的继母，也是司空见惯的，呼韩邪单于当年就娶了自己的继母。

　　可是，雕陶莫皋也知道，这次的情形不一样。这次自己想要娶的是汉朝公主，虽然她现在身在匈奴，也能够遵从匈奴大部分的习俗，但这个习俗与中原的礼教相差太多，雕陶莫皋也不能勉强她。

听说王昭君已经上书皇帝，请求归汉，雕陶莫皋也只有听从天命，任凭王昭君去留。

这一天，听说汉朝皇帝的诏书下来了，雕陶莫皋心情忐忑，以为自己不但不能娶到王昭君，而且怕是连王昭君的面也见不到了。雕陶莫皋听完成帝的圣旨，喜出望外，汉成帝不但没有将王昭君接回，反而尊重自己民族的风俗，让王昭君做自己的阏氏。雕陶莫皋惊喜万分，对汉成帝也感恩戴德，更加忠贞不贰。

就这样，雕陶莫皋高高兴兴地迎娶了王昭君，王昭君继续待在匈奴做宁胡阏氏。匈奴的人民也因为善良美丽的宁胡阏氏能够继续留在匈奴而一片欢腾。王昭君和复株累若鞮单于开始了新的生活。

她和复株累若鞮单于又先后生下了两个女儿，冷清的毡房，照进明媚的阳光，传出孩子清脆的笑声。两个女儿长大后分别嫁给了匈奴的贵族。纵观王昭君的一生，应选进宫、和亲出塞、再嫁风波，每一次选择都是一种前途未卜的铤而走险，可能真的是天佑佳人，王昭君的每一步都有惊无险，在远离国土的千里之外，王昭君得到了呼韩邪单于和复株累若鞮单于这两个首领的疼爱，这也算是对昭君出塞的一份补偿了。

女儿长大，健康成长

不幸的日子总是显得那么漫长，而幸福的日子总是流逝得那么快。眨眼之间。王昭君的女儿云已会牙牙学语了，会在草原上骑着小马驹嬉耍了；云已慢慢长成为一个健壮、美丽的少女了；她的个子已和王昭君一般高了。母女两个手牵着手在草原上散步时，所有的人都以为是一对姐妹，是一双下凡的仙女。

在王昭君和复株累若鞮单于手把手教导下，云继承了父母一切优异的地方。她的血液里流着中原南方女子柔情的血，又混合着草原女儿豪爽率直的血，她是汉匈两族奇妙的结合体。她把草原当作自己的家，又不时在昭君的讲述中渴望回去看看那山清水秀的阿妈的家乡。

她经常缠着王昭君给她讲述那个遥远的美丽的地方。

也许是随着岁月的流逝，王昭君思念家乡的心思越来越重。每当女儿提起远方的家乡的话题，她总能无限神往地讲上好几个时辰，她讲述的语言是诗意盎然，充满深情的：

孩子啊，

阿妈小时候家门前流过一条

清澈的小河，

它有一个美丽的名字叫香溪。

香溪的水呵，清又甜，

阿妈喝着它渐渐长大。

多年没有回到自己的家乡了，

几回梦里又见香溪，

又见香溪！

云听完昭君无限深情的描述，总是问："阿妈，那我们骑着飞快的马去看看你的家乡吧！我让阿爸挑出最快的骏马！"

"傻孩子啊，最快的骏马到达香溪河畔，也要累个半死，那是多么远的路呵！"

"阿妈，难道它比天上还远吗？"

"傻孩子，只要一心一意慢慢地走，我们当然会走到自己的家。可是，那是多么遥远，多么劳累的路途啊！"王昭君抚摸着自己天真纯洁的云，长叹一声。

"阿妈，我不怕路远。如果你累了，让我一个人去吧。我要带上罐子，给你带回好大一罐香溪的水！"

"好孩子。"王昭君感动地搂住她心爱的女儿，多么善良、天真的孩子。

是的，她也不知为什么，越来越思念起家乡了。难道她老了吗？没有人说她老，她和她的女儿走在一起，永远被人看作是一对要好的姐妹。

她的心里一直默默地牵挂着一个人。

宇文成，你现在还好吗？你如果还活着的话，为什么不来看看我？这十多年来，我不时梦见回到家乡，回到香溪河畔，不时梦见你第一次和我见面时的音容。

宇文成啊，宇文成，我已感到上天在召唤我了。我流浪又幸福地过了一辈子，上天要召我回去了。难道，你不愿意再见我一面吗？

我天天晚上在月光下弹起心爱的琵琶，声声地呼唤你，宇文成！为什么，为什么，我没有听到你的箫声的应和！

宇文成，你到底还在人间吗？你一定还在人间的，否则我的心里不会没有震动的。我们是心心相通，用心灵说话的呀！

王昭君每天就这样心事重重地想着，但是她的脸上依然挂着迷人的微笑，她不能让复株累若鞮单于见了为她伤心。

有一天晚上，她确实在月光下听见一个声音在冥冥之中召唤她："王昭君，你已经完成了你的使命。你美丽地生活过，你尽情地爱过，你给草原带去了幸福和安宁。你的一生已经尝遍了人生的诸般滋味。你要准备着，上天马上就要唤你回去了。"

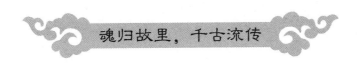

魂归故里，千古流传

草原的冬天来了。

今年的雪下得特别大。是一场百年未遇的大雪。鹅毛般的雪花整整下了三天三夜，整个草原变成了一个纯白的世界！

草原的人们都躲进了帐幕、毡房，安静地准备过冬。

外面的世界是这么冷，王昭君的身体却是火热的，她正发着高烧。

察尔汗早已被请来看过了。他沉吟了半晌，留下了一大堆药，什么也不说就走了。

窗外，是一个银色的纯白的世界！

女儿云含着眼泪默默地守候在她亲爱的阿妈床前，王昭君已经发了两天的高烧了。她望着美丽的阿妈闭着眼睛躺在床上，心中有说不出的忧伤。

"云，过来，我心爱的女儿。"王昭君轻声地呼唤。

云把她美丽的头俯在了王昭君的胸前。

"云，你长大了，是不是？"

"是的，阿妈。"

"女儿大了，总要离开自己的阿妈。孩子啊，阿妈感到自己就要走了，有个声音在召唤着我该走了。"

"阿妈，我知道了，你要往天上走。"

"孩子，阿妈离开了，你不要难过。"

"嗯，阿妈，我不会难过。我一想到你在天上，就不难过了。"

"好孩子。"

"阿妈，我想你了怎么办？"

"好孩子，阿妈不是教会你弹琵琶了吗？只要你想我的时候，轻轻弹起琵琶，阿妈就会出现在你的梦中。"

"梦中？"

"是的，孩子，我们只能在梦中相会了，不要难过。"

"阿妈，我带你去看看香溪水，看看你的家乡，好吗？"

"好孩子，你有这份心，你去吧，阿妈的魂魄保佑着你。"

"阿妈，我会天天想你的。"

"好孩子，阿妈的心永远和你在一起。"

王昭君爱抚地摸了摸女儿的头发，笑了。她感到生命正在从她的躯体中流逝，她心中没有恐惧，只有一片坦然。她确实是在完成了她人间的使命后，往天上走啊！

王昭君感到自己的身体轻得像一朵云，啊，飞起来了。

她飞得好快啊，只听见呼呼的风声从耳边吹过，对了，对了，她要去看看她梦牵魂萦的故乡啊。

多少年了，故乡永远只在她的梦里出现。可是，无论她流浪到哪里，她都永远不会忘记自己的根！

到了，到了。那潺潺流动的小河不正是她小时嬉戏的香溪水，不正是哺育她长大的香溪水吗！啊，那云雾缭绕的山，不正是巫山吗？她是巫山的女儿啊！

尽情地再看几眼吧。故乡，生我养我的故乡！梦魂牵萦的故乡！

昭君含着眼泪在空中默默注视着她亲爱的家乡……

温柔的月亮静静地照着草原。

草原上处处都有王昭君的坟墓。

她的坟墓被今天的塞北草原人们亲切地称作"青冢"。

草原上的青冢遍地都是。呼和浩特有一个很大的青冢，比任何一位将相的坟还大。

如果你有兴趣跟一些长须飘飘、弹着马头琴的蒙古族老人交谈，你会听到许多美丽的关于王昭君的传说。

如果你进入任何一个蒙古包，好客的蒙古人民都会告诉你许多王昭君的故事。

传说，有贫苦的人没有吃的，到青冢去就可以找到！

希望得到羊的人，到青冢上面去，就可以得到羊！

草原上的妇女婚后不生育的，只要到青冢住上一夜，就可以生一个白白胖胖健康的孩子！

王昭君在塞北草原人们的心目中，永远是一个美丽的女神，是一个给人民带来幸福与安宁的女神！

附　录

　　王昭君的历史功绩，不仅仅是她主动出塞和亲，更主要的是她出塞之后，使汉朝与匈奴和好，边塞的烽烟熄灭了五十年，增强了汉族与匈奴民族之间的团结，符合汉族和匈奴族人民的利益。

功不可没，后人缅怀

王昭君出塞以后，汉匈两族团结和睦，国泰民安。史书上记载："边城晏闭，牛马布野，三世无犬吠之警，黎庶忘干戈之役。"意思是说：昭君出塞以后，边关安宁，牛羊遍野，普通人家的狗在半夜再没有叫过，黎民百姓再也没有受到骚扰，甚至把汉匈之间的战争都给忘了。

汉匈和好，受益最大的莫过于两地的官兵和百姓。两地和好以后，边境地区重新开放关市，匈奴的人们赶着牛羊、携带毛皮前来关市换回汉朝的粮食和金属，大家各取所需，百姓安居乐业，边关的将士也免去军役的劳苦，以往始终箭在弦上的边关开始安宁繁华起来。

王昭君换来的中原和匈奴的和平实在是太难得了。从西汉建国起，外来的骚扰就没有停止，其中，又以北方的匈奴闹得最凶、最难以控制。匈奴的强盛，始自西周。到秦始皇时，连年用兵，竭尽国力，才使匈奴退去，不敢南下。但这并没有使秦始皇高枕无忧，因为担心匈奴再度入侵，这才修建了长城，巩固边防，费天人之力，得一时之安宁。

到西汉高祖刘邦时，匈奴又重新入侵中原，高祖刘邦亲自率兵抵御，却被困平城，后来不得已才听从朝臣的建议采用和亲之策以示友好。这种情况下的和亲，算是比较屈辱的。及至汉武帝时期，欲雪前朝的耻辱，派遣霍去病、卫青等将领对匈奴领兵征讨、大加挞伐，匈奴节节败退，被逼无奈，也沿用汉朝的计策，与汉朝和亲。这样一来，两地相安无事数十年。

从汉宣帝末年到汉元帝时期，匈奴和汉朝又时有战乱发生。为了两地百姓安宁这才有了呼韩邪单于和亲，昭君出塞的故事。

汉朝有几百年的历史基业，又有浓厚的历史积淀，可谓根深蒂固，不可动摇，匈奴想逐鹿中原，一统天下，也是异想天开。然而，匈奴地处草原，人人骑马射箭，性情粗野彪悍，因此中原和匈奴的和平之路才步履维艰，一心想将匈奴收为臣子的志向难以实现。在中原和匈奴不能充分融合的情况下，作为权宜之计的汉匈和亲也是大势所趋。

王昭君之所以被后人念念不忘，更多是因为她远嫁塞外以后，不但能够在匈奴安居乐业，还带去中原的织布机等工具教匈奴人使用，在使用的过程中，广泛传播中原文化，消除匈奴对中原的敌意，促进匈奴对中原的了解，并且多次劝说匈奴的单于与汉朝搞好关系，为两地谋得太平。

王昭君因为皇帝选宫女而远离家乡，又因为不得皇帝召见而远离国土，但就是在这样的情况下，王昭君还是能以大局为重，时刻谨记自己的责任和重担，不但不做任何损害汉匈关系的事情，还能为汉匈和睦做出自己的贡献，这非常难能可贵。

王昭君的历史功绩可以用我国历史学家翦伯赞的一首诗来概括：

汉武雄图载史篇，

长城万里遍烽烟。

何如一曲琵琶好，

鸣镝无声五十年。

意思是说，汉武帝有一统天下的雄图大略，和匈奴进行了多年的征战，却使长城内外战火不断。这还不如昭君出塞，使得汉匈和好，换来了半个世纪的和平。

正如"青冢"墓碑上所刻：

一身归朔漠，数代靖兵戎。

若以功名论，几与卫霍同。

青冢碑文所刻算是对昭君出塞历史功绩的盖棺定论了。

王昭君去世以后，昭君出塞这段佳话代代相传，它就像吹过去的一阵风，所过之处莫不让人感慨万千。后代的文人墨客，纷纷通过诗词来表达自己对昭君出塞的感念。古往今来，歌颂王昭君的诗歌就有七百多首，与之有关的小说、民间故事也有近四十种，写过昭君事迹的作者就有五百多人，李白、杜甫、白居易、李商隐、王安石、郭沫若、田汉、翦伯赞等都对昭君出塞的故事表达了自己的看法，昭君在这些文人墨客的笔下，散发出夺目的光彩。

千百年来，咏王昭君其人其事的诗歌虽然很多，但大多数诗歌的立意是抒写王昭君的离愁别恨、惋惜她的红颜薄命。

昭君拂玉鞍，上马啼红颊。

今日汉宫人，明朝胡地妾。

李白的诗，对王昭君的遭遇充满着惋惜、同情，"今日汉宫人，明朝胡地妾"一句，把昭君的命运在一瞬间发生的变化表露无遗。

汉家秦地月，流影照明妃。

一上玉关道，天涯去不归。

"一上玉关道，天涯去不归"一句，不禁使人想起王维的诗句

"劝君更尽一杯酒，西出阳关无故人"。

《咏怀古迹五首之三》是杜甫吟咏昭君的诗：

> 群山万壑赴荆门，
>
> 生长明妃尚有村。
>
> 一去紫台连朔漠，
>
> 独留青冢向黄昏。
>
> 画图省识春风面，
>
> 环佩空归夜月魂。
>
> 千载琵琶作胡语，
>
> 分明怨恨曲中论。

诗中为我们描绘了这样一幅画面：千山万壑逶迤不断地奔赴荆门，此地还遗留着生长明妃的山村。一别汉宫，她嫁到了北方的荒漠，到现在的傍晚，只剩下了一座青冢。这个昏庸的汉元帝，仅仅凭借看画像又怎么能看到昭君的花容月貌呢？离开汉地的昭君，她的魂分明还在月夜归来。她所创的胡音琵琶曲，已经流传千载，曲子中倾诉的分明是昭君的满腔悲愤。

这是杜甫经过湖北秭归明妃村想起王昭君的故事时有感而发所作。从王昭君时代至杜甫时代，凡七百年，"尚有村"三个字，表现了人们到现在还对王昭君永不忘怀。杜甫在此诗中，既描写了王昭君的怨恨，也讽刺了汉元帝的昏庸。

宋代欧阳修有诗写道：

> 汉宫有佳人，天子初未识。
>
> 一朝随汉使，远嫁单于国。
>
> 绝色天下无，一失难再得。

> 虽能杀画工，于事竟何益？
>
> 耳目所及尚如此，万里安能制夷狄？
>
> 汉计诚已拙，女色难自夸。
>
> 明妃去时泪，洒向枝上花。
>
> 狂风日暮起，漂泊落谁家？
>
> 红颜胜人多薄命，莫怨春风当自嗟。

这首诗把昭君出塞的前因后果都写在其中，欧阳修更从批评皇帝的角度入手。"虽能杀画工，于事竟何益？耳目所及尚如此，万里安能制夷狄？"说的是你杀了毛延寿，还不是于事无补？皇帝眼皮底下的人都管不好，又怎么能指挥千军万马去消灭边境的敌人呢？

李白、杜甫和欧阳修的诗歌，把王昭君当成一个有血有肉的个体，是一个因为皇帝的昏庸而远离家乡的女子，想象着昭君的无奈和孤单，对王昭君充满了同情，在诗歌中充满了人道主义的色彩。

但是，中国的诗歌讲究立意，由于写王昭君的诗立意有别，取材的角度各异，写作的背景不同，也就出现了见仁见智、众说纷纭的现象。

金代王元节有两首写王昭君的诗歌，就非常与众不同：

> 环佩魂归青冢月，
>
> 琵琶声断黑山秋。
>
> 汉家多少征西将，
>
> 泉下相逢也合羞。

这首诗前两句写昭君命运的悲惨，和大部分诗歌的立意没有什么不同。但后两句笔锋一转，说堂堂汉朝，牺牲一个女子的未来来换取国家的安宁真是耻辱，你们这些西征的将领，在黄泉路上相逢，也应该无颜面对才是。这首诗表达了作者的愤慨和鄙夷之情。

而明代一位诗人则从迥异的角度为昭君写了另外一首诗：

将军杖钺妾和番，

一样承恩出玉关。

死战生留俱为国，

敢将薄命怨红颜。

这首诗以王昭君的口吻来诉说：将士们出关，是拿了兵器打仗；而我王昭君出关，是遵奉国家的外交政策，通婚和番，以谋国家安宁。同样都是奉了国家的命令，远出塞外。多少将士在外战死了，而我身负和平使命，必须活着留下来。死者生者，都是为了国家。如今我这个弱女子，虽然远离故土，到那蛮荒的塞外终此一生，又哪敢怨叹呢？这首诗，把王昭君对国家的忠义之情，推崇得又上了一个层次。这种为国为民、不惜牺牲个人的奉献精神，真可用陆游的一句诗来概括："位卑未敢忘忧国。"

同样以昭君口吻写诗的还有著名诗人白居易，但是就没有上面的"死战生留俱为国"那么乐观和伟大了。白居易在《昭君》诗中写道：

汉使却回凭寄语，

黄金何日赎蛾眉？

君王若问妾颜色，

莫道不如宫里时。

这首诗的大意是：汉朝的使者就要回去了，王昭君希望他帮自己带个消息给皇上，问问什么时候能让自己回去呢？皇上如果问起来我现在的容貌，请您千万不要说已经不如在汉宫的时候美丽动人了！

　　据说这首诗是白居易在十七岁的时候所作，作者竭尽自己的想象，试图刻画王昭君的心情，诗句明白如话，刻画的王昭君形象楚楚可怜，非常难能可贵。

> 昭君自有千秋在，
>
> 胡汉和亲识见高。
>
> 词客各抒胸臆懑，
>
> 舞文弄墨总徒劳。

　　董必武的这首诗从民族平等、共同发展的角度上落笔，充分肯定了王昭君的历史功绩，但在肯定的同时，也把作为普通女性的王昭君悲剧性的一面给忽略掉了。

　　总的说来，历来咏王昭君的诗都很多，但是由于诗人所站的角度不同，诗人所关注的对象有所侧重，所以诗歌中所表达的含义也就千差万别了。这种千差万别的描写，也正好从各个方面为我们还原了一个有血有肉的王昭君形象。不论是将王昭君看作一个普通女子，写昭君命运的凄惨也好；或是将王昭君写得胸怀大志、为国家鞠躬尽瘁也好，王昭君为汉匈和平做出的牺牲是有目共睹的，对王昭君出塞的历史功绩也应充分肯定。

与王昭君有关的文学

　　在有关王昭君的诸多文学作品中，历代题咏昭君的诗歌是一大宗派，而且变化最多，也最为繁荣。从托名昭君的《怨旷思惟歌》

到今人的浅吟低唱，不绝如缕，可谓异彩纷呈，百花争艳。宋代郭茂倩《乐府诗集》收录昭君诗五十三首；陈民瞻也"取明妃出处与古今歌诗，会粹成编"，辑集为《王昭君辞》（已佚）。清代胡凤丹《青冢志》则收咏昭君诗五百多首；现今鲁歌等人《历代歌咏昭君诗词选注》及《存目》，共计七百七十首。此统计尚不完备，实际约有近千首。在如此众多的昭君诗的创作中，唐宋诗词无疑是其中的佼佼者和最亮丽的明珠。

唐宋时期，题咏王昭君的诗歌获得了长足发展，众多文学巨匠参与了昭君题材的咏史诗创作。唐代的李白、杜甫、白居易、杜牧、李商隐等名家的昭君诗，个性张扬，强力抒发自我"怀才不遇"之慨，感情炽热；宋代王安石、欧阳修、司马光、曾巩、苏轼、苏辙、陆游等人借咏王昭君，以干预政治，感悟社会人生，富有生活哲理。要言之，唐宋诗词在传承王昭君诗之诉哀怨、悲远嫁的同时，开拓重塑、理性观照已成为主流，其颂王昭君功业、为毛延寿翻案等诸多繁变，对后代王昭君故事的发展起着巨大的启迪和范式作用。

自20世纪30年代至今，人们研究王昭君的重点一直是在诗歌方面，有许多人研究昭君故事，也仅限于诗词。尤其是唐宋诗歌中王昭君形象的研究，学者用力甚勤。人们从文学、人类学、文化学等各个层面，对诗歌中的王昭君形象进行全面解读，创获良多。而对唐宋诗歌中频繁出现的形象，如明妃、毛延寿、琵琶、鸿雁、青冢等的来龙去脉，却较少涉猎。而这些又是历代昭君故事演变的有机组成部分，所以，有必要特别提出讨论。

明妃汉魏时期，因王嫱字昭君，故通称王昭君。到晋代由于避晋文帝司马昭名讳，改称王明君，或称明君。晋代石崇《王明君辞序》即说："王明君者，本是王昭君，因触文帝讳，改焉。"所以，南北朝时期王昭君与王明君同时并称，而以称明君者尤多。如南朝宋鲍照、北周庾信之诗均题《王昭君》，而南朝宋刘义庆《世说新语》称"王明君姿容甚丽，志不苟求"。梁简文帝、沈约等皆有《明君词》咏史诗作等。

六朝时，称昭君为"明妃"者，只一见于江淹的《恨赋》。江淹（444—505），济阳考城人，齐梁时著名的文学家，"江郎才尽"的主角。其《恨赋》云："若夫明妃去时，仰天太息。紫台稍远，关山无极。"固此时，北周王褒《明君词》有云"兰殿辞新宠，椒房余故情"，似触及昭君与汉元帝的亲密关系。但事实上，此时的"明妃"同昭君、明君一样，只是称谓的不同，并没有人真的认为她就是汉元帝的妃子。

这种情况，到唐宋时期仍然如此。但"明妃"之称，在六朝只是偶一为之，而在唐宋得到大力推阐，非常盛行。如李白《王昭君》"汉家秦地月，流影照明妃"，诗题是"王昭君"，而诗句却曰"明妃"，可见，"明妃"是"昭君"的别称。杜甫《咏怀古迹》"群山万壑赴荆门，生长明妃尚有村"，白居易《昭君怨》"明妃风貌最娉婷，合在椒房应四星"。此外，唐杨凌有《明妃怨》、王涣《明妃》、徐夤《明妃》等。到宋代，"明妃"一称最常见，如王安石的《明妃曲》、欧阳修的《明妃曲和王介甫作》、司马光的《和王介甫明妃曲》、曾巩的《明妃曲》、吕本中的《明妃》、刘子翚《明妃出塞图》、陆游的《明妃曲》，等等，均称王昭君为"明妃"。

由于唐宋诗词中，"明妃"称谓的盛行，辽金元亦传承不违。到元代马致远的杂剧《汉宫秋》就明确地让汉元帝封王昭君为西宫"明妃"了。

首次记载毛延寿等人之事的是东晋葛洪的《西京杂记》，其文云："画工有杜陵毛延寿，为人形，丑好老少，必得其真。安陵陈敞，新丰刘白、龚宽，并工为牛马飞鸟众势，人行好丑，不逮延寿。下杜阳望，亦善画，尤善布色。樊育亦善布色。同日弃市。"文中虽提到毛延寿等六名画工。但并没有明确说是毛延寿丑画了昭君。不过，毛延寿为善画者六人之首，又善于描画人形。

人们很容易将丑画昭君之事，安到他的头上。有学者说："到了元代马致远的《汉宫秋》，才把毛延寿和王昭君明确地拉上关系。"

事实并非如此。隋炀帝有一宫女侯夫人，境遇与王昭君同。她有一诗《遣意》云："秘洞扃仙卉，雕窗锁玉人。毛君真可戮，不肯写昭君。"毛君即指毛延寿，说他贪贿，不肯如实画王昭君。可见，隋时的侯夫人已首次将毛延寿与昭君联系起来了。此后的诗歌中提及的"画师""画工""丹青"等多指毛延寿而言。

唐代周昙的《毛延寿》云："能知货贿移妍丑，岂独丹青画美人。"李商隐《王昭君》有诗云："毛延寿画欲通神，忍为黄金不顾人。"此外，唐代程晏还有一篇散文《设为毛延寿自解语》，文中写"帝见王嫱美"，却误将其远嫁匈奴单于，元帝大悔，便召毛延寿责之曰："君欺我之甚也！"毛延寿辩解说，美女是祸水，他之所以将王昭君画丑，是为了"迁乱"于匈奴。显然，这也是"把毛延寿与王昭君明确拉上关系"的。

宋代王安石有一首著名的《明妃曲》亦云："归来却怪丹青

手，入眼平生几曾有。意态由来画不成，当时枉杀毛延寿。"袁燮《昭君祠》的"毛生善画古无有，强把丹青倒妍丑"，王洋的《明妃曲》"若教不杀毛延寿，方信蛾眉画不成"，裴万顷的《题昭君图》"纷纷争赂毛延寿，今日丹青竟不传"，李曾伯的《昭君溪》"后人却恨毛延寿，断送春风入远夷"。这些宋诗亦是将"明妃"之出塞与毛延寿的绘画联系在一起的。应该说，至少到隋唐时，人们已明确地将毛延寿纳入了王昭君故事之中。这一点是毫无疑问的。

不过，毛延寿的形象在唐人程晏的散文中和宋以后大量的"翻案"诗词中已经有所改变，毛延寿丑图昭君是"画工忧国非奸谀"，不仅无罪，而且应被视为汉家的功臣。如宋郑清之的《偶记赋王昭君漫录之》即云"解携尤物柔强国，延寿当年合议功"，陈润的《读明妃引》"能遣明妃嫁夷狄，画工原是汉忠臣"。而在元明清的小说戏曲中则不然，毛延寿的形象在承袭中又有较大发展，他不仅是丑画王昭君的奸臣，而且还是投敌叛国的民族罪人。这说明文人与民间的审美情趣大异，从而决定着两者的演变路径迥然不同。

琵琶昭君故事中最难舍难分的是琵琶，它几乎成了王昭君的专利。历代咏王昭君的诗中，"琵琶"一词频频出现，多达一百六十余次，以致昭君画像和小说戏曲中，王昭君出塞一直与琵琶相伴相随，如《吊琵琶》《琵琶语》等，皆径直以"琵琶"为题，来写王昭君出塞和番之事。可以说，琵琶是王昭君艺术形象中非常突出的个性特征。王昭君"怀抱琵琶马上弹"，深印在人们的脑海中，已成定格，不可更易。

但王昭君与琵琶的渊源关系，来自晋石崇的《王明君辞》，不见于史书记载。石崇"序"云："昔公主嫁乌孙，令琵琶马上作乐，以慰其道路之思。其送明君，亦必尔也。"乌孙公主刘细君的"琵琶马上作乐"，亦因不见于《汉书》记载，所以未必是事实，很可能源于传说。即便乌孙公主的"琵琶"是实事，也不能肯定王昭君出塞，也有琵琶奏乐。这里"其送明君，亦必尔也"，显然是推测之词，实未可必，后来竟演变成昭君出塞不仅有琵琶，而且还是王昭君自弹。宋人王桥《明妃琵琶事》曰，"傅玄《琵琶赋序》曰：故老言汉送乌孙公主嫁昆弥，念其行道思慕，使知音者于马上奏之""则知弹琵琶者，乃从行之人，非行者自弹也。今人画《明妃出塞图》，作马上愁容，自弹琵琶。而赋词者又述其自鼓琵琶之意矣""盖承前人之误"。

至于西汉有无琵琶，当代学者争论激烈，莫衷一是。但东汉刘熙《释名·释乐器》曰："枇杷，本出于胡中，马上所鼓也。推手前曰枇，引手却曰杷，像其鼓时，因以为名也。"可见，西汉应有琵琶。一般认为，西汉的琵琶，是"圆形音箱，直柄，四弦，十二品位的琵琶"，称之为"汉琵琶"，即唐代习称的"阮"，不是后来胡中传入的"曲颈琵琶"。无论西汉是否有琵琶，但王昭君的琵琶是人们在故事流传中给她加上去的，却是事实。北周庾信的《王昭君》"别曲真多恨，哀弦须更张"；陈叔宝的《明君辞》"只余马上曲，犹作别时声"。诗中只说"哀弦""马上曲"，还没有明确说王昭君弹琵琶。

南北朝时未见有题咏昭君琵琶的，但至少在隋唐时，昭君怀抱琵琶出塞已成典实，见于诗歌题咏。隋虞世南编《北堂书抄》时，曾仿石崇《王明君辞》写过一篇《琵琶赋》，其中有王昭君抱琵琶出塞事。唐太宗李世民《咏琵琶》诗也说："半月无双影，金花有四时。摧藏千里态，掩抑几重悲。"似未明言王昭君与弹琵琶有相关之事，但琵琶之音哀怨凄清，故称"哀弦"。它与昭君身世的凄凉悲怆恰恰可相互辉映，以故学者多认为此诗亦是咏王昭君之事。

唐董思恭的《王昭君》"琵琶马上弹，行路曲中难"；杜甫的《咏怀古迹》"千载琵琶作胡语，分明怨恨曲中论"；刘长卿的《王昭君》"琵琶弦中苦调多，萧萧羌笛声相和。可怜一曲传乐府，能使千秋伤绮罗"，李商隐的《王昭君》"马上琵琶行万里，汉宫长有隔生春"。宋王安石的《明妃曲》"含情欲语独无处，传与琵琶心自知"，欧阳修的《明妃曲和王介甫作》"玉颜流落死天涯，琵琶却来传汉家"，李纲的《明妃曲》"穹庐腥膻厌酥酪，长调幽怨传琵琶"，刘次庄的《王昭君》"敛袖出明光，琵琶道路长"，黄文雷的《昭君行》"痴心惟恐琵琶语，归梦空随鸿雁飞"，叶茵的《昭君怨》"将军歌舞升平日，却调琵琶寄怨声"。此后，金元明清吟咏王昭君与琵琶的诗作更多，不再赘述，即此亦足见王昭君与琵琶的关系是非常密切的。

鸿雁由于是候鸟，年年一度归，而且相传它可以为人们传递书信，苏武就是靠这一神话得以归汉的。元人郝经使宋，被拘真州十五年，亦仗"雁足寄书"，得以归国。而王昭君远托异域，人所共悲。同时"雁门关""孤雁"等名物亦是触发昭君与鸿雁关联的媒介，人们想象昭君一定思乡恋国，却又无法回归，就借助鸿雁或孤雁这一意象的通感来表达对昭君孤苦无依的同情和对她复归故国的期盼。

王昭君与鸿雁的联系，亦可追溯到石崇的《王明君辞》。其诗云："愿假飞鸿翼，乘之以遐征。飞鸿不我顾，伫立以屏营。"南朝宋鲍照的《王昭君》"既事转蓬远，心随雁路绝"；北周庾信的《王昭君》"寄信秦楼下，因书秋雁归"；北周王褒的《明君词》"鸿飞渐南陆，马首倦西征"。六朝时的鸿雁已经不少，但真正得到全面推阐的还是唐宋以后。

唐卢照邻的《王昭君》"愿逐三秋雁，年年一度归"，佚名的《王昭君》"寄信秦楼下，因书秋雁归"，戴叔伦的《昭君词》"惆怅不如边雁影，秋风犹得向南飞"，刘长卿的《王昭君》"北风雁急浮清秋，万里独见黄河流"，令狐楚的《王昭君》"魏阙苍龙远，萧关赤雁哀"。

宋王安石的《明妃曲》"寄声欲问塞南事，只有年年鸿雁飞"，另一首《明妃曲》"黄金捍拨春风手，弹看飞鸿劝胡酒"，司马光的《和王介甫明妃曲》"旧时相识更无物，只有云边秋雁飞"，曾巩的《明妃曲》"黄云塞路乡国远，鸿雁在天音信稀"，秦观的《调笑令昭君》"未央宫殿知何处，目送征鸿南去"，邢居实的《明妃引》"年年看尽南飞雁，一去天涯竟不还"，高似孙的《琵琶引》"西风吹霜雁飞飞，汉宫月照秋砧衣"，薛季宣的《明妃曲》"穷寒绝塞人踪稀，时有天边霜雁飞"，黄文雷的《昭君行》"痴心只恐琵琶语，归梦空随鸿雁飞"。

唐宋诗词中题咏昭君事之"鸿雁"形象，发挥得还不够淋漓尽致，只有到金元以后才真正得到充分表现。尤其在小说和戏曲如《和戎记》《双凤奇缘》《鸿雁捎书》等作品中，人们终于将苏武"告雁传书"这一情节，成功地嫁接到了王昭君的故事中。

　　"青冢"亦是昭君所特有的形象，更是昭君的象征或代称。只要一提到"青冢"，无人不知是指王昭君。"青冢"之名，不知起于何时。"平津馆丛书"本《琴操》即云：昭君吞药死，"单于举葬之。胡中多白草，而此冢青"。如果此记可信的话，那么东晋之前就应该有这种传说。即便此本不实，这类传说也应该很早，不会晚于六朝。因为，到唐代已经用为典实，大加题咏了。唐代杜佑的《通典》卷一百七十九提及金河附近的"王昭君墓"，并未说是"青冢"；唐开成四年，《唐振武节度衙前虞候游击将军仇志诚墓志铭》已明言："阴岭一带，青冢嵯峨。"宋初乐史《太平寰宇记》载有"金河县"云："青冢在（金河）县西北，汉王昭君葬于此，其上草色常青，故曰青冢。"即今呼和浩特市昭君墓。

　　"青冢"现位于内蒙古呼和浩特市南九公里处，背依大青山，近傍大黑河。至于青冢的得名，有不同的说法。一说是王昭君死后悲怨之气凝聚而成，如唐代白居易的《青冢》："传是昭君墓，埋闭蛾眉久。凝脂化为泥，铅黛复何有？唯有阴怨气，时生坟左右。郁郁如苦雾，不随骨衰朽。"一说是秋后，塞外百草皆已枯黄，唯有王昭君墓草仍保持青绿，故曰青冢。《舆地纪胜》和《大同府志》均曰："塞草皆白，惟此冢青，故名。"一说"冢草青"是王昭君忠魂不灭的象征，如清屈大均的《青冢》"不随边地风霜变，芳草青青是妾心"；何人鹤的《明妃怨》"犹将死后一手不土，宿草青青忆汉家"。近人张相文的《塞北纪行》曰："塞外地多白沙，空气映之，凡山林村阜，无不黛色横空，若泼浓墨。故山曰大青山，河曰大黑河。昭君冢烟霭朦胧，远见数十里，故曰青冢。附合青草，盖诗人好事之辞也。"所言甚是，当可信从。

"青冢"题咏首见唐人，此后历代不绝，多达百余首。唐代李白的《王昭君》"生乏黄金枉画图，死留青冢使人嗟"；杜甫的《明妃》"一去紫台连朔漠，独留青冢向黄昏"；李咸用的《昭君怨》"千秋青冢骨，留怨在胡琴"；释皎然的《昭君怨》"黄金不买汉宫貌，青冢空埋胡地魂"；崔涂的《过昭君故宅》"骨竟埋青冢，魂应怨画人"；白居易的《青冢》"不见青冢上，行人为浇酒"；贾岛的《寄沧州李尚书》"青冢骑回鹘，萧关陷吐蕃"；刘沧的《边思》"蛾眉一没空留怨，青冢月明啼夜乌"；胡曾的《青冢》"至今青冢愁云起，疑是佳人恨未消"。

　　宋代欧阳修的《唐崇徽公主手痕》"青冢埋魂知不返，翠崖遗迹为谁留"；王安石的《明妃曲》"可怜青冢已芜没，尚有哀弦留至今"；白玉蟾的《明妃曲》"他时冢草青，汉使或一奠"；黄文雷的《昭君行》"千秋万岁总如此，谁似青冢年年青"。此后，有关"青冢"的题咏、载记甚多，如《青冢志》《青冢记》等，不具引。

　　唐宋诗歌中的昭君形象是各种文化长期相互碰撞与融合、凝结与升华的结果。同时，作为一种特殊的文化载体，王昭君形象不仅内蕴丰厚，还获得后世的广泛传播与久远流布。

王昭君故事的变异

　　鲁迅《唐之传奇文》说："小说亦如诗，至唐代而一变，虽尚不离搜奇记逸，然叙述宛转，文辞华艳，与六朝之粗陈梗概者较，演进之迹甚明，而尤显者乃在是时则始有意为小说。"宋传奇已难乎为继，以后历代虽薪火相传，但终成强弩之末矣。唐宋传奇中，涉及王昭君故事的主要有两部作品：一是唐代托名牛僧孺的《周秦行纪》，一是宋代乐史的《绿珠传》，它们皆与昭君故事有关。

《周秦行纪》以"牛僧孺"自叙的口吻，讲述他的一段奇遇：唐贞元中，牛僧孺举进士落第，返乡途中，夜晚迷路，寻民舍借宿，至一大宅，门庭若富豪家。有黄衣阍人曰："郎君何至？"

牛僧孺答曰："僧孺，姓牛，应进士落第往家。本往大安民舍，误道来此。直乞宿，无他。"

实误入汉文帝母薄太后庙。太后盛邀，为备酒食，并说："今夜风月甚佳，偶有二女伴相寻。况又遇嘉宾，不可不成一会。"二女伴：其一是高祖时的戚夫人，另一人则是元帝时的王嫱。

小说写道：

更有一人，"柔肤稳身，貌舒态逸，光彩射远近，时时好颦，多服花绣，年低太后"。后顾指曰："此元帝王嫱。"余拜如戚夫人，王嫱复拜。各就坐。

太后复招唐朝杨太真、齐潘淑妃、石家绿珠等来会。

进馔饮酒间，太后问牛僧孺曰："今天子为谁？"牛僧孺对曰："今皇帝名适，代宗皇帝长子。"太真笑曰："沈婆儿做天子，大奇！"太后曰："何如主？"牛僧孺对曰："小臣不足以知君德。"太后曰："然无嫌，但言之。"牛僧孺曰："民间传英明圣武。"太后首肯三四。

然后，牛僧孺与薄太后等几个女鬼饮酒赋诗。王嫱赋诗云："雪里穹庐不见春，汉衣虽旧泪痕新。如今犹恨毛延寿，爱把丹青错画人。"

诗毕酒尽，薄太后问曰："牛秀才远来，今夕谁人与伴？"戚夫人、潘淑妃、绿珠并杨太真皆有充足理由，不能陪伴"牛秀才"。最后，薄太后指派由王嫱伴宿。

太后乃顾谓王嫱曰："昭君始嫁呼韩单于，复为株累单于妇，固自用。且苦寒地胡鬼何能为？昭君幸无辞。"王昭君不对，低眉羞恨。俄各归休，"牛秀才"被侍女送入昭君院。

这篇唐传奇非常有名，倒不是因为它写了王昭君侍寝之事，而是因为这是一部政治性非常强的小说，它卷进了唐代著名的"牛李党争"这一敏感问题，所以颇引人注目。

乐史（923—1007），字子正，江西宜黄人。初仕南唐，入宋登进士第，官至水部员外郎。北宋著名传奇小说家，著有《广卓异记》《诸仙传》等二百多卷。其小说，颇多劝惩说教之辞；所著《太平寰宇记》凡二百卷，是地理方志类的著名作品。乐史的传奇小说《绿珠传》虽然是重点为石崇之妾绿珠作传，但多与王昭君事相关。

小说写"绿珠能吹笛，又善舞《明君》（明君，昭君也。避晋文帝讳，改昭为明）。明君者，汉妃也。汉元帝时，匈奴单于入朝，诏王嫱配之，即昭君也。及将去，入辞，光彩射人。天子悔焉，重难改更。汉人冷其远嫁，为作此歌。（石）崇以此曲教之，而自制新歌曰：我本良家子，将适单于庭。……传语后世人，远嫁难为情"。

又云："今白州有一派水，自双角山出，合容州江，呼为绿珠江。亦犹归州有昭君滩、昭君村、昭君场；吴有西施谷、脂粉塘，盖取美人出处为名。又有绿珠井，在双角山下。耆老传云：'汲此井饮者，诞女必多美丽。里闾有识者，以美色无益于时，因以巨石镇之。尔后虽有产女端妍者，而七窍四肢，多不完具。'异哉！山水之使然。昭君村生女，皆炙破其面。故白居易诗曰：'不取往者戒，恐贻来者冤。至今村女面，烧灼成瘢痕。'又以不完具而惜焉。"

此小说所记昭君故事古人多言之，即便王昭君村女"炙面成瘢"事，唐白居易《过昭君村》早已形于题咏，"灵珠产无种，彩云出无根。亦如彼妹子，生此遐陋村"，"白黑既可变，丹青何足论"，"妍姿化已久，但有村名存。村中有遗老，指点为我言。不取往者戒，恐贻来者冤。至今村女面，烧灼成瘢痕"。后来，南宋王十朋《昭君村》亦写道："十二巫峰下，明妃尚有村。至今粗丑女，灼面亦成瘢。"本来"粗丑女"是毫无"出塞"之虞的，她们竟然也要"灼面亦成瘢"，看来"炙面"久已成为当地的社会风俗了。

乐史之所以引述王昭君故事和白居易之诗实际上是为了证明，绿珠井"镇石"，使生女"多不完具"是有道理的。他认为"红颜多薄命"，美女是"祸源"，其作《绿珠传》就有"述美丽，窒祸源"之目的。这一点，也正与白居易《青冢》诗相通："祸福安可知，美颜不如丑。何言一时事，可戒千载后。特报后来姝，不须倚眉首。"

王昭君出塞评价

王昭君是两千多年来家喻户晓、妇孺皆知的人物，王昭君出塞和亲，为千古诗人所讴歌吟唱，低回不止；王昭君故事，在历代民众中滋生繁变，盛传不衰。但有关王昭君事迹的史料记载，却仅见于班固《汉书》中的只言片语，而范晔《后汉书·南匈奴传》也多语焉不详，甚或龃龉，我们很难据之以勾勒王昭君历史的全貌。

《汉书》是有关王昭君最早的信史，班固去古未远，对王昭君的描述应当说是最接近史实，也最权威，最可信从。所以，如果《后汉书》与《汉书》有相抵触的地方，自当以《汉书》为准，而不应以《后汉书》作为依据。

根据记载王昭君的有关史料，参照著名史学家翦伯赞先生的《王昭君年谱》札记，可以对王昭君的身世及子女情况做一简单的概述。《汉书·元帝纪》云：竟宁元年春正月，匈奴呼韩邪单于来朝。诏曰："匈奴郅支单于背叛礼义，既伏其辜，呼韩邪单于不忘恩德，乡慕礼义，复修朝贺之礼，愿保塞传之无穷，边垂长无兵革之事。其改元为竟宁，赐单于待诏掖庭王樯为阏氏。"

又据《汉书·匈奴传》云："单于自言愿婿汉氏以自亲，元帝以后宫良家子王樯字昭君赐单于。"可知：王昭君，名樯（嫱），字昭君。以后宫良家子，待诏掖庭。于竟宁元年春正月，匈奴呼韩邪单于第三次朝觐时，汉元帝将其赐给单于做阏氏，以示汉朝对匈奴主动归顺及效忠王室的奖赏，并改建昭六年为"竟宁元年"，以示边境得以永远安宁，故以冠元也。所谓"良家子"，据《史记·李将军列传》"索隐"引如淳说，是指"非医、巫、商贾、百工也"。那么，王昭君当出身于农家或军籍，是郡国献女还是皇帝选秀入宫，难以确定。而《后汉书·皇后纪序》云：汉法"遣中大夫与掖庭丞及相工，于洛阳乡中，阅视良家童女年十三以上，二十以下，姿色端丽，合法相者，载还后宫，择视可否，乃用登御"，主选秀说。东汉如此，西汉如何，则不得而知。至于"待诏掖庭"，则说明王昭君是后宫中等待皇帝召见的一个宫女，即《后汉书·南匈奴传》所云"入宫数岁，不得见御"者也。

至于王昭君的生卒年，史无确语，文献不足征。而翦伯赞先生的《王昭君年谱》，始于汉宣帝甘露元年，终于东汉刘秀建武六年。其意盖谓：王昭君约生于公元前53年，卒于公元30年，享年八十四岁。昭君十七岁时以良家子被选入宫，"待诏掖庭"数岁；于汉元帝竟宁元年，即二十一岁时出塞。林幹等先生亦主张"昭君约生于公元前53年"，而卒年则说"昭君可能死于哀帝年间"，因为到"王莽摄政以后，有关斡旋汉匈奴两族关系的活动，都是由昭君的大女儿云出面，可见王莽时昭君已不在人世了"。诸说皆以意推之，仅备一说，实无据。事实上，到成帝鸿嘉元年，匈奴复株累单于死，昭君寡居。此后，便史无明文。

有关王昭君的族属、籍贯，更是众说纷纭，莫衷一是。族属有汉族说、土家族说、蛮夷说等，因新说均未提供强有力的证据，自当仍以汉族说为近是；籍贯则有南郡秭归说、齐国说、蜀郡说、巫山说、荆门说、兴山说等诸异说。要之，当以湖北兴山县之说为是。"齐国说"首见于《琴操》，为小说家言，不足征信。其他各说多系地理沿革所造成的，差异不是很大。最早记载王昭君籍贯的是东汉末的文颖。《汉书·元帝纪》颜师古注引文颖说：昭君"本南郡秭归人也"。南郡，秦始置，汉因之，更为临江郡，后复为南郡，治荆州，秭归为属县。到汉献帝建安十三年，曹操尽得荆州之地，分南郡北边以立襄阳郡。赤壁之战后，吴蜀平分荆州，南郡归于蜀汉。刘备死后，南郡复为东吴所得。吴景帝孙休永安三年，分秭归县之北界立兴山县，属建平郡，所以，北宋乐史《太平寰宇记》卷一百四十八"兴山县"条云："兴山县，本汉秭归县地，三国时其地属吴，至景帝永安三年，分秭归县之北界立为兴山县，属建平郡。隋废之，唐武德初又置。香溪在邑界，即王昭君所游处。王昭君宅，汉王嫱即此邑之人，故云昭君之县。"

现经考古证实，在昭君台遗址发现了许多六朝以来的断碑残砖，雄辩地说明昭君故里确实是当今的湖北兴山县，而非湖北秭归县。虽然二县毗邻，却不得混为一说。

关于王昭君父母的情况，因于史无征，不便妄测。但据《琴操》说，王昭君的父亲名王襄（一作王穰）。因系传闻琐记，亦不足信。王昭君兄弟姊妹的情况，虽多不明。但其有哥哥，还有两个侄儿，却明见于《汉书》记载："天凤元年，云、当遣人之西河虎猛制虏塞下，告塞吏曰："欲见和亲侯。"和亲侯王歙者，王昭君兄子也。中部都尉以闻。莽遣歙、歙弟骑都尉展德侯飒使匈奴，贺单于初立，赐黄金衣被缯帛。"

据此可知，和亲侯王歙、王歙之弟展德侯王飒，是"王昭君兄子"，且均因王昭君出塞和亲而在王莽时被封为侯爵。因为他们的封国都不是取县邑之名，而是取与"和亲"有关的嘉名，可见他们在汉匈关系中的地位是相当重要的，而王昭君之兄的名字行谊却微而不显，故不可得而知。

竟宁元年春正月，汉元帝将王昭君赐给呼韩邪单于为阏氏。居月余，王昭君便跟从呼韩邪的大队人马北归。据《汉书·匈奴传》："故事，单于朝，从名王以下及从者二百余人。"再加上汉朝为王昭君派出的侍从人员，此次人数将更多。

　　王昭君出塞和亲，是骑马、骑骆驼，还是坐车走的呢？对此，亦有颇多争论。此事虽然正史缺文，但以意度之，当以乘车为近是。匈奴不仅自己车辆很多，而且汉朝历代和亲奉献的就不在少数，如吕后、文帝都曾向匈奴奉车结好。即便匈奴无车，此次和亲，汉朝也会派车护送昭君北去的。因为，昭君平素深居皇宫，不可能骤然就适应骑马或骑骆驼。再说，从汉都长安到漠北的单于王庭，数千里的长途跋涉，沿途黄沙紫塞，掠地惊飙，环境极为恶劣。一位初出宫门的少女，也不可能像惯于马上生活的匈奴人那样，可以长时间人不弛弓、马不解鞍地奔驰。要之，当以乘车为最合情理。所以，北宋王安石《明妃曲》即说："明妃初嫁与胡儿，毡车百辆皆胡姬。含情欲语独无处，传与琵琶心自知。"秦观的《调笑令·王昭君》云："汉宫选女适单于，明妃敛袂登毡车。"元代张翥的《昭君怨》亦云："队队毡车细马，簇拥阏氏如画。"均认为王昭君是乘车出塞的，于理甚合。

　　王昭君出塞的行走路线，虽史无明文，但林幹先生据《资治通鉴》卷二十七胡三省的注，曾予以考证。此说有据，可从。王昭君随呼韩邪返回漠北单于王庭，首先从汉都长安出发，过左冯翊（西安东北），然后经北地（今甘肃庆阳）、上郡（今陕西榆林）、西河（今内蒙古东胜）、朔方（今内蒙古杭锦旗），至五原（今包头市），出五原向西至朔方郡临河县（今内蒙古临河东北）、渡北河（今乌加河），向西北出高阙（今石兰计山），越过长城，便离开了汉地，进入匈奴辖区。由于从阴山北去单于王庭的道路被瀚海（大戈壁滩）所阻，故不得不绕道西行至休屯井，从休屯井北渡车田卢水，西北行至范夫人城，过浚稽山，到姑且水。然后沿姑且水东岸北上，转东行，可以顺利直达单于王庭（今蒙古国首都乌兰巴托附近）。

王昭君到达匈奴之后，生儿育女从胡俗。《汉书·匈奴传》载："王昭君号宁胡阏氏，生一男伊屠智牙师，为右日逐王。呼韩邪立二十八年，建始二年死。"呼韩邪死后，"大阏氏"之长子"雕陶莫皋立，为复株累若鞮单于。复株累若鞮单于立，遣子右致卢儿王醯谐屠奴侯入侍，以且麋胥为左贤王，且莫车为左谷蠡王，囊知牙斯为右贤王。复株累单于复妻王昭君，生二女，长女云为须卜居次，小女为当于居次。"

据《汉书·匈奴传》可知，王昭君在匈奴被封为"宁胡阏氏"，颜师古注云"言胡得之，国以安宁也"。昭君与呼韩邪单于生有一子，名叫伊屠智牙师，被封为右贤王；汉成帝建始二年，即王昭君出塞的第三年，呼韩邪单于死，昭君再嫁呼韩邪长子复株累若鞮单于，生二女。大女儿名云，嫁须卜当，为须卜居次；小女儿嫁当于氏，为当于居次。

为了便于勾勒昭君和亲的全貌，现将王昭君出塞之后的相关史实，简述如下：

昭君于汉元帝竟宁元年二至三月出塞，后与呼韩邪单于生一子伊屠智牙师。竟宁元年五月，汉元帝即死。皇后王政君为齐国王禁次女所生太子刘骜继位，是为汉成帝。成帝在位二十六年，王太后的弟侄相继专权秉政，炙手可热，如日中天。其侄王莽后来终移汉祚，自立为皇帝。

成帝建始二年夏五月，匈奴呼韩邪单于死。大阏氏之子雕陶莫皋立，为复株累若鞮单于，复妻王昭君，生二女，长女云，为须卜居次；次女为当于居次。居次犹公主也，须卜、当于皆为夫家姓氏。复株累单于亦遣子到汉入侍。复株累于成帝鸿嘉元年（公元前20年）死，其弟且糜胥立，为搜谐若鞮单于，亦遣子到汉入侍。此时，昭君三十三岁左右，从此寡居。

绥和二年三月，成帝死。定陶王刘欣嗣立，是为哀帝。哀帝元寿二年正月，匈奴乌珠留若鞮鞮单于、乌孙大昆弥伊秩靡等皆来朝汉。哀帝安排匈奴单于住上林苑蒲陶宫，以示恩宠。是时，西域凡五十国，自译长至将、相、侯、王，皆佩汉印绶，凡三百七十六人。单于归，复遣子入侍。同年六月哀帝死。太皇太后王政君临朝，命其侄王莽为大司马领尚书事，专政。

汉平帝元始二年九月，安汉公王莽为取悦姑母，显示威德盛于前时，使人讽喻匈奴单于遣王昭君之女须卜居次云，入侍太皇太后王政君。元始五年十二月，王莽毒死平帝，自称假皇帝，居摄践祚。居摄三年十一月，王莽即真天子位，改国号曰"新"。

王莽自立为皇帝之后，为了显示威权，降贬包括匈奴在内的各属国玺印，分匈奴为十五国，立呼韩邪子孙十五人皆为单于。于是，匈奴乌珠留若鞮单于怒。分告诸部入寇，大肆杀掠，人民流亡。王莽怒，复杀匈奴质子。

王莽始建国三年，匈奴乌珠留若鞮单于死。此时，匈奴用事大臣右骨都侯须卜当，即王昭君女须卜居次云之婿。云常欲与汉和亲，又素与伊栗置支侯咸厚善，见咸前后为莽所拜，故遂立咸为乌累若鞮单于。

王莽天凤元年，右骨都侯须卜当与居次云劝单于和亲。遣人告塞吏："欲见和亲侯。"和亲侯即王昭君兄子王歙。王莽遣和亲侯王歙及歙弟骑都尉展德侯王飒出使匈奴，贺单于初立。天凤二年五月，王莽复遣和亲侯王歙与王咸出使匈奴。单于派居次云及须卜当之子大且渠须卜奢至塞迎之。十二月，王歙归，王莽以钱二百万赐之。

天凤五年正月，乌累单于死，弟舆立，是为呼都而尸道皋若鞮单于。欲传位于其子，遂杀弟伊屠智牙师，伊屠智牙师是王昭君之子。匈奴呼都单于遣须卜奢与云女弟当于居次之子醯椟王，俱奉献至长安。王莽遣和亲侯王歙等至塞下，与居次云、须卜当会面，以兵将云、当等人胁迫至长安。王莽拜当为须卜单于，以分匈奴之势。居次云之小男逃归。匈奴益怒，大发兵入边抄掠。

王莽地皇二年，须卜当死于长安，王莽以庶女陆逯公主妻后安公须卜奢。地皇四年二月，刘玄即帝位，改元更始。九月，绿林军攻破长安，王莽死于渐台，王昭君之女须卜居次云及其子奢亦死。更始二年，刘玄遣中郎将归德侯王飒等出使匈奴，授单于汉旧制玺绶，因送云、当亲属、贵人、从者还匈奴。

刘秀建武六年，匈奴为寇不息，刘秀令归德侯王飒出使匈奴修好，匈奴亦遣使奉献。汉使中郎将韩统报命，略以金币，以通旧好。

从以上可以看出：自王昭君于公元前33年出塞到公元30年王飒出使匈奴，前后六十多年间，王昭君及其亲属子女为汉匈关系的正常发展与两族友好做出了不懈的努力，取得了一定的成果，因而，王昭君出塞和亲在汉匈关系史上有着重要而深远的影响。

历史上，人们对昭君出塞就存在着两种截然不同的意见：反对和亲与赞成和亲，而反对和亲的声音大大高过赞成和亲的声音。这种现象是时代使然，同时，与作家个人的思想情感及主观意识也密切相关。

　　以汉魏乐府《昭君怨》和晋代石崇的《王明君辞》为发轫，后代文人多咏王昭君悲怨，甚至明确反对和亲。如唐代东方虬《王昭君》："汉道方全盛，朝廷足武臣。何须薄命妾，辛苦事和亲。"唐戎昱《咏史》："汉家青史上，计拙是和亲。"唐苏郁《咏和亲》一诗甚至说："君王莫信和亲策，生得胡雏虏更多。"南唐李中《王昭君》："谁贡和亲策，千秋污简编。"宋代吕本中《明妃》："秦人强盛时，百战无逡巡。汉氏失中策，清边烽燧频。丈夫不任事，女子去和亲。"宋陆游《明妃曲》："汉家和亲成故事，万里风尘妾何罪。掖庭终有一人行，敢道君王弃憔悴？双驼驾车夷乐悲，公卿谁悟和戎非！"元代李齐贤《刘敬》："欲将汉主嫁昆夷，想见当初计划时。千载明妃心口语：奉春君岂是男儿！"明陈子龙《王明君》："我本弱女子，被选当雄兵。男儿畏强虏，辛勤独远行。"清刘献廷《王昭君》："六奇已出陈平计，五饵曾闻贾谊言。敢惜妾身归异国，汉家长策在和番！"曹雪芹《青冢怀古》也说："汉家制度诚堪笑，樗栎应惭万古羞。"这些诗歌，虽含有强烈的民族情绪，甚或有"严夷夏之大防"的民族偏见，但也不能轻易否定。因为他们更多的是，借古人酒杯，浇自己的胸中块垒，即借王昭君之事以表达自己对当时现实的不满和对统治者屈辱事敌、妥协投降政策的批判态度，所以，这些诗歌仍有较强的现实针对性和时代进步性。

　　当然，赞成王昭君出塞和亲，表彰王昭君为国建功的古代诗歌亦不鲜见。如唐代张仲素《王昭君》："仙娥今下嫁，骄子自同和。剑戟归田尽，牛羊绕塞多。"宋刘子翚《明妃出塞图》："羞貌丹青斗丽颜，为君一笑靖天山。西京自有麒麟阁，画向功臣卫霍问。"元代虞集《昭君出塞图》:"天下为家百不忧,玉颜锦帐度春秋。如何一段琵琶曲,青草离离咏不休。"元吴师道《昭君出塞图》:"平城围后几和亲,不断边烽与战尘。一出宁胡终汉世,论功端合胜前人。"明代高璧《昭君曲》:"奉诏事和亲,从容出禁宸。缘知平国难,犹胜奉君身。"明汪循《明妃》:"将军仗钺妾和番,一样承恩出玉关。死战生留皆为国,敢将薄命怨红颜。"清代王峻《题明妃出塞图》:"塞上香风暗度时,琵琶声急马蹄迟。美人一曲安天下,愧煞貔貅百万师。"清郭漱玉《明妃》:"竟抱琵琶塞外行,非关图画误倾城。汉家议就和戎策,差胜防边十万兵。"这些作品均从不同角度对王昭君出塞和亲的历史功绩加以讴歌颂扬,同样具有积极意义。

现代的作家、学者在新的历史条件下,为了更好地宣传新的民族政策,大力弘扬民族团结、民族友好的时代主旋律,对中国古代民族关系史上的和亲政策,包括王昭君出塞均予以新的诠释和评价,取得了丰硕成果。王昭君出塞和亲,在中国历史上,确实有着极其深远的影响,但我们也不能过分夸大、更不能贬低其历史作用,而应当把它放在当时的客观历史条件下,对昭君出塞做出实事求是的分析研究,才能得出科学的结论和正确的评价。任何图解政治,或强古人以就我的做法,都是不可取的。

有的学者说,王昭君出塞和亲的"政治使命是恢复中断了一百年的汉与匈奴的友好关系",在此之前,汉匈友好的"这种形势是存在的,但并没有因此而导致和平,甚至在呼韩邪单于两度入朝以后,汉王朝还不得不在它的西北边境线上保持相当的军事戒备","昭君出塞以后,汉与匈奴之间有五十年左右没有战争"。

有的学者甚至说，王昭君自请出塞是因为她"知道呼韩邪已不是汉朝的敌人，而是第一个入朝的匈奴单于是一个致力于汉匈友好的匈奴领袖"，于是，"她挺身而出，慷慨应召，自愿扮演一个和亲使者的角色，去肩负巩固和发展汉匈友好关系的重大使命"，"这种情况下，她更多地想到国家和民族的利益，总会觉得汉匈和平比战争好，以自己的一身远嫁为牺牲，来巩固两国的和平友好比幽闭长门、做白头宫女要有价值的多。她以为国吃苦为荣，把谋求自身的解放和谋求为国效力统一起来，所以才毅然做出自请和亲的重大决定"。这些评价，都是无视当时客观的历史事实，过高地估计了王昭君的思想觉悟，不适当地夸大了王昭君出塞的历史作用。

首先，"和亲"并不是"和平友好"的同义语。从上节西汉和亲的历史中，不难看出，汉匈是否能够友好并不完全取决于和亲，而主要取决于国力是否强大。在汉强匈奴弱的形势下，边境就相对比较安宁；而当汉弱匈奴强时，边境就会狼烟四起。原因在于，匈奴多为荒凉贫瘠的沙漠之地，汉人无法耕织生活。所以，韩安国说："今匈奴负戎马足，怀鸟兽心，迁徙鸟集，难得而制。得其地不足为广，有其民不足为强。"班固《汉书·匈奴传赞》也说：匈奴"其地不可耕而种，其民不可臣而畜"。因此，汉朝并无占有其土地的欲望，即便多次攻入匈奴腹地，也是不久便自动撤回。而汉朝土地肥沃，财富丰厚，这正是匈奴贵族酷嗜的猎物。所以，一旦有机会或有可能，他们就会把可能变为现实，南下突袭攻掠，而且游牧民族历来把掠夺视为比劳动更容易也更荣誉的事情。所以，仅仅凭借和亲的约束力，就想赢得长久和平是不可能的。西汉初，有十位公主或宗室女出嫁匈奴和亲，并未带来边境的安宁，更未实现汉匈的"和平友好",便是明证。所以,王昭君出塞实是恢复中断了一百年的"和亲",而不是"恢复友好关系"。必须分清"和亲"与"民族友好"的界限。"和亲"是汉朝处理民族关系和纷争的一种手段和策略,其目的根本不是为了民族友好,当然,我们也并不排除和亲在客观上有时也会产生有利于民族友好的效果。但是,我们却不可将某些客观效果视为主观动机。和亲是汉朝对少数民族实施的羁縻政策,其目的是绥靖安抚,其原则是"有利于我",根本不是我们今天所说的民族间"平等友好"的意思。

其次,匈奴呼韩邪单于主动归附汉朝,请求和亲,仍然是本着和亲"有利于我"的原则。匈奴惨遭汉武帝长达三十多年的穷追猛打,已经一蹶不振,极度贫弱。匈奴单于多次派遣使者向汉朝谋求和亲,却又不愿接受武帝所要求的"臣服""质子"两个条件,故此和亲不成。汉王朝到宣帝时出现"中兴"局面,拥强国之势,对匈奴恩威并施。而匈奴兵连祸结,濒临绝境。呼韩邪单于复遭郅支单于的追杀,在走投无路的情况下,才被迫臣服于汉。宣、元二帝对其优礼以待,振绝起覆,恩同再造。故颛渠阏氏在呼韩邪单于将死时说:"匈奴乱十余年,不绝如发,赖蒙汉力,故得复安。"呼韩邪单于也感到"蒙汉无量之恩",死时遗言,嘱后世子孙恪守约束,不得叛汉,"以报天子厚恩"。从宣帝甘露三年到元帝竟宁元年王昭君出塞前,匈奴呼韩邪单于与汉朝之间的关系一直是友好合作的,并没有因为他不是汉婿而对汉帝有丝毫的不敬。也就是说,汉匈和平友好局面的形成,至少比王昭君出塞早十八年,这实是匈奴畏威怀德的结果,而与王昭君和亲无关。至于说,"呼韩邪单于两度入朝之后,汉王朝还不得不在它的西北边境线上保持相当的军事戒备"，以证明汉匈并未和好，这也是不确当的。因为，在昭君出塞之后，汉王朝仍然在边境线上保持着相当的军事戒备，并未因和亲而解除。《汉书·匈奴传》载：汉元帝赐昭君和亲，"单于欢喜，上书愿保塞上谷以西至敦煌，传之无穷，请罢边备塞吏卒，以休天子人民"。汉元帝对呼韩邪单于"请罢边备塞吏卒"一事，交廷议。元帝接受郎中侯应的建议要"安不忘危"，为了保持边境足够的军事戒备和武力威慑，未允所请。可见，有无军事戒备，不是区别是否友好的标志。

再者，学者经常援引《汉书·匈奴传》上的一段话："是时边城晏闭，牛马布野，三世无犬吠之警，黎庶亡干戈之役。"来说明"汉与匈奴之间五十年左右没有战争"，是王昭君和亲的结果，王昭君是"和平友好的使者"。有的学者还说"王昭君作为一位和平使者，在汉王朝与匈奴之间建立起一道和平友谊的纽带与桥梁，一直为后人纪念与称颂"。这些说法显然是不妥当的。事实上，在王昭君出塞十八年前，汉匈已经和平共处了。也就是说，在"使者"和"桥梁"还没有出现之前，汉朝与匈奴早已到达了和平的彼岸。而汉匈之间五十年没有战争，也不能完全归功于王昭君的出塞和亲。据史载："至孝宣之世，承武帝奋击之威，直匈奴百年之厄，权时施宜，覆以威德，然后单于稽首臣服，遣子入侍，世称藩，宾于汉庭。是时边城晏闭，牛马布野，三世无犬吠之警，黎庶亡干戈之役。"

从引文可知：边境和平局面是汉宣帝时就存在的。而和平局面之所以能够出现，一是汉武帝的征伐之威；二是正当"匈奴的百年之厄"，无以自存；三是汉宣帝的恩威并施，终致匈奴归附。所以，不能把边境的祥和安宁及五十年的和平，皆归功于王昭君出塞。当然，汉元帝时，对匈奴质之以盟誓，申之以婚姻，明和亲约束，遣嫁昭君和亲，为此改元"竟宁"；匈奴封昭君为"宁胡阏氏"；20世纪50年代，还发现了西汉末年的一些瓦当，上面写有"单于和亲""千秋万岁""长乐未央"等文字。这均说明，汉朝与匈奴双方对和亲的重视，王昭君出塞自有其相当的历史作用。同时，王昭君的亲属子女也为汉匈和好做出了努力，应予以肯定。但我们不能把这种作用过分夸大，使王昭君形象扭曲变形，以致失真而不可信。

王昭君毕竟是身份低微的宫女，是汉元帝馈赠给已臣服之藩王的一件"礼物"，而呼韩邪单于也是妻妾成群，王昭君且排在四至五位。昭君出塞到匈奴，虽有大汉王朝为依托，但她无力左右，更不能决定汉匈上层的政治走向和决策。因此，作为两个统治集团上层人物之间的政治联姻，王昭君出塞和亲只是一个载体、一种象征符号，它表明自今以后，汉匈两族完全合为一家，相互间和平共处，充分信任，毫无猜忌。至于和亲的真正效果如何，则取决于客观形势的发展和双方力量的对比，却不是由和亲者本人所能决定的。因而，王昭君个人在历史上的作用是间接的、有限的。这正如鲁迅先生所说："我一向不相信昭君出塞会安汉，木兰从军就可以保隋；也不信妲己亡殷，西施沼吴，杨妃乱唐的那些古老话。我以为在男权社会里，女人是决不会有这种大力量的，兴亡的责任都应该男的负。"

总之，王昭君及其后代为密切汉朝与匈奴的友好关系做了大量有益的工作和不懈努力，也取得了一些成效。王昭君出塞有利于增进汉匈之间的相互信任，对巩固和发展汉匈间早已实现了的和睦友好关系起到了一定的历史作用。

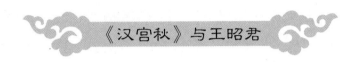

《汉宫秋》与王昭君

《汉宫秋》是马致远的代表作，也是元杂剧中的杰作。同时，在所有描写王昭君故事的古代小说、戏曲中，它也是文学成就最高、影响最大的一部作品。所以，任何一部文学史、戏曲史、杂剧史及研究王昭君的学者，如王国维、吴梅、冯沅君、翦伯赞、王季思等，无不以极高的热情，对《汉宫秋》进行专门的探究和论述。20世纪50年代和80年代，还掀起了两次有关马致远《汉宫秋》的研究热潮。这两场大讨论，参加人数众多、涉及面广，从马致远的生平到《汉宫秋》的主题思想、人物形象的塑造等均有较深入的研究和探索，取得了可喜成果。但仍有许多领域，诸如《汉宫秋》的故事面貌较之以前有哪些新异之处，它又是如何承传和演变的等，并未引起专家学者们的充分关注。而这些问题的失解，将使许多结论成为无源之水、无本之木，难以成立。

马致远，号东篱，大都（今北京）人。早年在京城生活了二十年左右，"九重天，二十年，龙楼凤阁都曾见"（《双调·拨不断》），并有"佐国心，拿云手"之远大的济世抱负，而且渴求功名，"且念鲰生年幼，写诗曾献上龙楼"（《黄钟·女冠子》）。

但"上苍不与功名侯"，他只好混迹于京城的"元贞书会"，作为一名书会才人，专业从事创作。对此，他并不满意："困煞中原一布衣，悲！故人知不知，登楼意，恨无上天梯。"说明他锐意仕进，却怀才不遇。元世祖至元二十二年以后，他曾任"江浙省务官"，但并未受到重用。晚年，他终于认识到"王图霸业成何用？禾黍高低六代宫，楸梧远近千官冢，一场恶梦"（《双调·拨不断》），从而淡泊名利，向往闲适生活，自称"东篱本是风月主，晚节园林趣"（《双调·清江引》）。于是这位有志不获骋的才子便寄情诗酒，与清风明月为伴，遁迹于山水田园，后来卒于江南。所作杂剧十五种，现存七种：《汉宫秋》《青衫泪》《荐福碑》《陈抟高卧》《黄粱梦》《岳阳楼》《任风子》。散曲：《东篱乐府》收小令一百零四首，套数十七套；《全元散曲》收小令十五首，套数十六套，残套七套。

马致远的创作对当时及后世的戏曲发展有较大影响。元钟嗣成的《录鬼簿》称他为"前辈已死名公才人，有所编传奇行于世者"；周德清《中原音韵序》以"关郑白马"并提，尊马致远为元曲"四大家"之一；贾仲明挽词誉他"战文场，曲状元，姓名香，贯满梨园"；朱权赞其曲词"如朝阳鸣凤""典雅清丽，可与灵光、景福而相颉颃。有振鬣长鸣，万马皆喑之意。又若神凤飞鸣于九霄，岂可与凡鸟共语哉？宜列群英之上"，将马氏列为元曲作家一百八十七人之首；李调元《雨村曲话》称其是"元人曲中巨擘也"；吴梅《曲学通论》也说："东篱又以清俊开宗，《汉宫》《荐福》，允推大家。"马氏剧作中，以《汉宫秋》成就最大，明代戏曲家臧懋循《元曲选》将其列为元杂剧第一。

杂剧《汉宫秋》为四折一楔子，正末汉元帝一人主唱，是典型的元杂剧体制。剧叙：番国呼韩邪单于要求汉元帝以公主下嫁，以修和好。汉朝中大夫奸臣毛延寿为向皇帝邀宠，建议向民间广搜美女，以充后宫。元帝命毛延寿为选择使。毛延寿借为美女画像之机，大肆搜刮金银。十八岁的王昭君虽有绝色，但因出身农家，无钱不愿行贿。毛延寿为此就将她的肖像上点了些破绽，使王昭君被打入冷宫，不得见君王。一日，王昭君自弹琵琶解闷，正值元帝巡宫，查明昭君貌美遭遭的内情，封王昭君为明妃，居西宫，并传旨金吾卫，将毛延寿斩首。延寿闻讯逃奔匈奴，怂恿单于要挟汉元帝献出王昭君，封为阏氏。呼韩邪派使臣指图索要，并威胁说：如若不与，不日发兵南侵，江山不保。元帝正与王昭君情好日密，如痴如醉，惊闻此讯，焦急万分。尚书令五鹿充宗和内常侍石显，畏敌如虎，力主昭君和番，元帝不肯。王昭君为解国家危难，毅然请求前往。次日，王昭君北上，元帝亲至霸陵桥畔为昭君饯行。元帝和昭君生离死别，痛不欲生，难舍难分。离别之时，王昭君将自己所穿的汉家衣服，全部留下，行至番、汉交界处的黑龙江边，杯酒浇奠，投江自杀。在一个晚秋之夜，宫中凄凉萧瑟，元帝心烦意乱，正观看王昭君图，一时困倦，梦中与王昭君相会。醒来，唯闻声声孤雁的哀鸣。后来单于见王昭君已死，复与汉朝修好，将毛延寿绑送汉朝，元帝遂命将其斩首以祭明妃。

从上述可以看出，马致远的《汉宫秋》对王昭君故事处理上，有许多新颖独到之处：

其一，此剧为末本戏，以汉元帝为主角，改变了过去以王昭君为抒情主体的写法。已往的王昭君故事，均以昭君为出塞和亲的主角，汉元帝只是陪衬。而《汉宫秋》则不同，全剧没有一句王昭君的唱词，这自然不利于刻画主要人物昭君的形象，但却有利于在最为广阔的历史背景中，增添进去更多的政治内容，以全面展示那个时代的社会风貌。

如此写法，恐怕难以说是马致远的创造。据钟嗣成《录鬼簿》的记载，元代写昭君故事的共有四本杂剧，即：关汉卿的《汉元帝哭昭君》、马致远的《汉宫秋》、吴昌龄的《月夜走昭君》、张时起的《昭君出塞》等。现在只有《汉宫秋》尚存，其他三剧皆已佚失。《月夜走昭君》和《昭君出塞》，明显是旦本戏，可以不论。但关汉卿的《汉元帝哭昭君》，自应是末本戏，且主角是汉元帝，而不是王昭君，这是毫无疑问的。而且，关汉卿早生于马致远二十五年左右，因此，其剧作对马致远《汉宫秋》的创作有影响，应该说是完全可能的。所以，我们还不能贸然说《汉宫秋》的这种处理是首创。

其二，《汉宫秋》安排的历史背景是汉弱匈奴强。如第二折，呼韩邪单于说："如今就差一番官，率领部从，写书于汉天子，求索王昭君，与俺和亲；若不肯与，不日南侵，江山难保。"匈奴使者到汉朝亦说："（单于）特差臣来，单索昭君为阏氏，以息两国刀兵。陛下若不从，俺有百万雄兵，刻日南侵，以决胜负，伏望圣鉴不错。"对此，大多数学者认为，这是马致远的创新。

有学者说："马致远有意识地改变了当时汉朝和匈奴的历史形势。汉元帝时期，本来是匈奴衰落，汉朝强盛，剧中却写成匈奴强盛，汉朝衰弱。"还有的学者说："按照当时的历史形势，汉强胡弱，《汉宫秋》却改变了胡汉之间的力量对比，把汉朝写成软弱无力、任由异族欺压的政权。"事实上，这种改变由来尚矣，并不始于《汉宫秋》。

晋石崇的《王明君辞·序》即说："匈奴盛，请婚于汉，元帝以后宫良家子明君配焉。"唐宋元王昭君故事几乎均从胡强汉弱来立说。《王昭君变文》说"嫖姚有惧于猃狁，卫霍怯于强胡。不嫁昭君，紫塞难为运策定"；宋柳开《代王昭君谓汉帝疏》亦说："不期国家以北敌未庭，干戈尚炽，胡马南牧，圣君北忧""出臣妾于掖垣，妻匈奴于沙漠"；元初刘因《明妃曲》也说："再闻北使选绝色，六宫无虑明妃愁""君心有忧在远方，但恨妾身是女郎"。这些作品无一例外地都是把昭君出塞安排在胡强汉弱的历史背景下的。此外，关汉卿杂剧名为《汉元帝哭昭君》，显然也是写匈奴恃强凌夺，元帝无力护宠，才会"哭"的。可见，马致远只是继承了传统，而不是创新。

我们这样说，并无意于否定《汉宫秋》的现实意义。马致远生活的元代，正是胡强汉弱，民族歧视和民族压迫都十分沉重的时代。虽然他不是宋人，不会有亡宋的遗民意识，但他是汉人，同情汉族人民的悲惨境遇。而且他曾亲见宋朝的覆亡，耳闻目睹了宋室后妃、宫女及大批汉族妇女被掳北去的惨痛现实，这不能不激发他强烈的民族情感，并将其曲折地反映在作品中。在当时特定的历史条件下，将原来的王昭君故事注入新的政治内容和新的思想内涵，使之具有强烈的现实批判性。这无疑也是一种贡献和发展。

其三，《汉宫秋》在胡强汉弱的历史背景下，充分展示了汉朝将相怯懦无能、畏敌如虎的丑态。第二折，汉元帝说："我养军千日，用军一时；空有满朝文武"，"都是些畏刀避箭的"，"太平时、卖你宰相功劳，有事处、把俺佳人递流。你们干请了皇家俸，着甚的分破帝王忧"。而朝臣无计退敌，却重弹"女色亡国"的老调来搪塞："他外国说陛下宠昵王嫱，朝纲尽废，坏了国家。若不与他，兴兵吊伐。臣想纣王只为宠妲己，国破身亡，是其鉴也。"汉元帝怒斥他们道："有一朝身到黄泉后，若和他留侯、留侯厮遘，你可也羞也不羞？"朝臣们都"枉被金章紫绶"，一旦临敌"似箭穿着雁口，没个人敢咳嗽"。元帝悲叹道："我呵，空掌着文武三千队，中原四百州；只待要割鸿沟。陡恁的千军易得，一将难求！""我道您文臣安社稷，武将定戈矛；您只会文武班头，山呼万岁，舞蹈扬尘，道那声诚惶顿首。""若如此，久以后也不用文武，只凭佳人平定天下便了。"这就形象而深刻地揭示了朝中大臣文恬武嬉、尸位素餐、朝纲废弛、国家危亡的历史必然性。

这样描写既有对此前昭君故事的承袭，又有现实的依据。而有的学者却说，这是马致远的创造，"这在以前的昭君作品中是没有出现过的"。事实并非如此，唐宋元的诗文，实肇其端。如唐戎昱《和蕃》："岂能将玉貌，便拟静胡尘。地下千年骨，谁为辅佐臣？"唐胡曾《汉宫》："明妃远嫁泣西风，玉筋双垂出汉宫。何事将军封万户，却令红粉为和戎？"宋黄庭坚《水调歌头游览》："堂有经纶贤相，边有纵横谋将，不减翠蛾羞。戎虏和乐也，圣主永无忧。"宋刘次庄《王昭君》："薄命随尘土，元功属庙堂。蛾眉知有用，惭愧羽林郎。"金王元节《青冢》："环佩魂归青冢月，琵琶声断黑山秋。汉家多少征西将，泉下相逢也合羞。"元初耶律楚材《过青冢次贾搏霄韵》其二："延寿丹青本诳君，和亲犹未敛胡尘。穷庐自恨嫔戎主，泉壤相逢愧汉臣。"这些作品均写及汉朝将相的无能，致使王昭君出塞和戎。

尤其是北宋柳开的《代王昭君谢汉帝疏》，与《汉宫秋》这方面的关系更大。

今所以谢陛下者，以安国家，定社稷，息兵戈，静边戍，是大臣之事也。食陛下之重禄，居陛下之崇位者，曰相，宜为陛下谋之；曰将，宜为陛下伐之。今用臣妾以和于戎，朝廷息轸顾之忧，疆场无侵之患，尽系于臣妾也。是大臣之事，一旦之功，移于臣妾之身矣。臣妾始以幽闭为心，宠幸是望。今反有安国家，定社稷，息兵戈，静边戍之名，垂于万代，是臣妾何有于怨愤也。愿陛下宫闱中复有如妾者，臣妾身死之后，用妻于单于，则国家安危之事，复何足虑于陛下之心乎！

柳开的这篇文章，对《汉宫秋》有多方面的影响。如前引的"汉弱胡强"的问题，此处则说本来"安国家，定社稷，息兵戈"，应是"食重禄""居崇位"的将相之分内事。然而，将相无能，却使红粉去和番，让一个弱女子来承担"安邦定国"重任。马致远的《汉宫秋》实是继承并发展了这种思想。而《汉宫秋》中元帝的话："若如此，久以后也不用文武，只凭佳人平定天下便了。"完全可以视为柳开"愿陛下宫闱中复有如妾者，臣妾身死之后，用妻于单于，则国家安危之事，复何足虑于陛下之心乎"一语的注脚。

可见，如果不把王昭君故事的流变梳理清楚，就贸然下断说，这种写法"在以前的昭君作品中是没有出现过的"，无疑是不符合客观事实的臆断。而由此所推导出的种种结论，显然是不实的，也是难以成立的。

其四，《汉宫秋》对毛延寿这一人物形象做了较大的改造。以晋葛洪《西京杂记》为发轫，首次提到毛延寿等六位画工之名。到隋唐以后，逐渐确定丑图王昭君的是毛延寿一人所为，但毛氏的身份历来只是一名画工。而马致远的《汉宫秋》却与此前的故事大不相同，他把毛延寿塑造成不仅是丑图昭君的贪官污吏，而且还是叛国投敌的民族罪人。

《汉宫秋》开始的"楔子"中，毛延寿上场即自报家门："为人雕心雁爪，做事欺大压小；全凭谄佞奸贪，一生受用不了。某非别人，毛延寿的便是。见在汉朝驾下，为中大夫之职。因我百般巧诈，一味谄谀，哄的皇帝老头儿十分欢喜。朝里朝外，那一个不敬我，那一个不怕我。"毛延寿已不是低微的画工，而是权倾朝野、谄佞奸贪的"中大夫"。后来，元帝又加封他为"选择使"，为钦差大臣，遍行天下刷选秀女。第一折，毛延寿乘选秀之机，大肆收受贿赂，索要金钱："大块黄金任意挝，血海王条全不怕；生前只要有钱财，死后那管人唾骂。"他向王嫱索要"百两黄金，选为第一"，而昭君"一则说家道贫穷，二则倚着他容貌出众，全然不肯"，他就"眉头一纵，计上心来。只把美人图点上些破绽，到京师，必定发入冷宫，教他受苦一世"。

以前，均为昭君在宫中，才有画美人图之事，现已提前到选秀时，即元帝所说："将选中者图形一轴送来，朕按图临幸。"所谓"点上些破绽"，又是怎样的情况呢？原来，毛延寿是把昭君的眼睛点画成"眇目"。这有后文元帝的唱词为证："点得这一寸秋波玉有瑕。端的是卿眇目，他双瞎。"这是已往昭君故事中所没有的，可以说是《汉宫秋》的首创。

丑图昭君之事败露后，元帝下令斩杀毛延寿。毛延寿闻讯逃奔匈奴，"将着这一轴美人图，献与单于王，着他按图索要，不怕汉朝不与他"。结果，挑拨单于兴兵南侵，逼索王昭君为阏氏。而汉朝又无"文臣安社稷，武将定戈矛"，元帝只好忍痛割爱，让宠妃王昭君去和亲。后来，王昭君投江殉国，单于与汉朝重修旧好，将毛延寿绑送汉朝问斩，"祭献明妃"。此前的王昭君故事中，并无毛延寿逃投匈奴、挑动刀兵之事，这也是《汉宫秋》的改造，其众多情节均为后来的小说戏曲所袭用，承传不绝。

马致远对毛延寿艺术形象的丰富和发展，有着深刻的现实依据。南宋的将相朝臣，大多腐败无能，卑怯自私，闻敌丧胆，只会一味地苟安求和。一旦大敌当前，大批朝臣"望风送款"，叛降敌国，如昌文焕、吕师孟、贾余庆之流，无不如此。《汉宫秋》对毛延寿的改造，实是概括了这一类人物的本质特征，具有影射历史，鞭挞丑类，鉴诫来世的深刻含义。

其五，《汉宫秋》对王昭君的形象塑造，既有传承，又颇多新变。第一折，写王昭君生于"成都秭归县""庄农人家"；"乃是王长者之女，名唤王嫱，字昭君。生得光彩照人，十分艳丽，真乃天下绝色"；"年长一十八岁，蒙恩选充后宫""十年未得见君王"。此处，名字、长相、进宫等，前人多言之，不同前人之处：第一，东汉文颖说王昭君是南郡秭归人，晋孔衍《琴操》说王昭君是"齐国王穰女"，而此处则云：王昭君"成都秭归县"人，元代秭归县属归州。第二，班固《汉书》之后皆云王昭君系"良家子"，而此处却坐实是"庄农人家"。第三，《琴操》云：昭君"年十七"，"乃献汉元帝"；而此处则说昭君十八岁"蒙恩选充后宫"，与前皆异。第四，据《汉书》，王昭君曾"待诏"掖庭，不言在宫中年数；《琴操》说昭君在宫中"积五六年"，"心有怨旷"；《后汉书》云："昭君入宫数岁，不得见御，积悲怨"；唐"安雅"《王昭君》言"二八进王宫，三十和远戎"，则王昭君在宫中十四年；而《汉宫秋》第一折王昭君自言："一日承宣人上阳，十年未得见君王。"以上四点，均为《汉宫秋》之新变。

此外，《汉宫秋》还新增改了一些有关昭君的故事情节：

其一，昭君为"梦月而生"。第一折，昭君自述："父亲王长者，平生务农为业。母亲生妾时，梦月光入怀，复坠于地，后来生下妾身。年长一十八岁，蒙恩选入后宫。"这一情节的出现，实是为了证明王昭君出身不凡。自《易经》以来，古人就认为，天地间之乾坤各有征象：乾为阳、为男，坤为阴、为女。太阳是阳之精，为帝之象；太阴（月亮）是阴之精，为后之象。据班固《汉书·元后传》：王政君就是"梦月而生"的"月亮女儿"，《汉宫秋》盖本于此。但王昭君虽然是"梦月入怀"而生，却又"复坠于地"，这就形象地解释了她终不能为帝后妃、反而远嫁匈奴的原因。这个情节或承王昭君之事而改，或有民间传说依据，不可确知。但它却为后世提供了描写的范本。

其二，昭君被汉元帝封为"明妃"。历来的故事中，均写昭君出塞时始见到元帝，而《汉宫秋》却写元帝巡宫时，听到王昭君在宫中弹琵琶，与之相识、相爱，并封王昭君为"明妃"。如第一折，元帝对王昭君说："近前来，听寡人旨，封你为明妃者。"此较以前故事为大异。王昭君与"琵琶""明妃"之关系，前已论及，不再赘述。但前人言王昭君弹琵琶为出塞途中情形，此移至宫中，为王昭君与元帝相见之因由，"明妃"系唐代以来，王昭君之变称，相沿既久，从未认定王昭君真是"妃子"。王昭君受封"明妃"，始见《汉宫秋》。这种将王昭君身份提高的做法，鲜明地体现了作者马致远的创作意图：为了在更为残酷的政治背景下，显示贵为天子的汉元帝连一宠妃亦庇护不了，只好送红粉去和番，以突出匈奴的强大、汉室的极度衰弱，从而为昭君出塞营造典型的悲剧氛围，强化人物的悲剧因素。

其三，增添了王昭君与汉元帝的爱情描写，这是《汉宫秋》对此前王昭君故事最大的改造，值得我们认真分析研究和探讨。以前的王昭君故事中，虽然也写到元帝见王昭君美而大惊悔，意欲留之，但因难以失信于外番，终遣王昭君行。即便是敦煌文献中的三篇作品，也无不如此，只是多强调了些"汉帝恩"而已，并没有具备发展成为"爱情"的充分条件。那么，《汉宫秋》中的帝妃之爱的故事是如何出现的呢？我们认为，"爱情"题材不是王昭君故事固有情节的必然发展，更不是马致远的异想天开，而是作者将李隆基与杨玉环"帝妃之爱"的故事，移植过来并加以改造，使之成为《汉宫秋》中的一个重要关目。作者如此处理，有利于增强悲剧效果。同时，也易于唤起人们对亡宋历史的回忆与思索，富有历史的凝重感。

其四，昭君以身殉国。第二折，毛延寿挑拨单于兴兵南下，按图索要王昭君和亲。汉朝将相怯敌，力劝元帝舍妃保国，元帝为难。此时，王昭君说："妾既蒙陛下厚恩，当效一死，以报陛下。妾情愿和番，以息刀兵，亦可留名青史。"下文又说："妾身这一去，虽为国家大计，争奈舍不得陛下。"如此写法，就与已往所有写其"自愿请行"的性质截然不同。以前她是因为在宫中

"积悲怨"，才负气请行。而此处却是写王昭君为保汉室江山、为爱元帝而舍生就死。但事实上不管她是否愿意，她都必须出塞和亲，这是客观形势所迫。

因为匈奴是指名索要，无人可以代替其出塞。可见，不仅"汉元帝一身不自由"，而且王昭君也同样是不自由的，出塞实是被迫的、无可奈何的事。明乎此，就不应该说：王昭君"在国难临头"，"毅然挺身而出，为国家安宁，主动请求去和番"。出塞之后，《汉书》《后汉书》皆写王昭君到匈奴生儿育女，从胡俗；《琴操》则云：昭君不愿嫁其子，"吞药而死"；《王昭君变文》写王昭君到匈奴，因思乡念国，不久即死；而《汉宫秋》第三折则说：昭君随单于行至"番汉交界"的"黑龙江"边，"不肯入番，投江而死"，"葬在此江边，号为青冢"。王昭君的这一举动，历来被视为"爱国主义精神得以升华"，这实是高估了王昭君的思想觉悟。如果说，王昭君义不辱身，保持了民族气节，或许更接近于《汉宫秋》的事实。

其五，《汉宫秋》对汉元帝艺术形象的塑造。此前王昭君故事中，汉元帝可以说只是一个引子，在故事中所占的比重不大。而《汉宫秋》为了在广阔的历史背景下，全面展示朝政、军事及外交关系，突出了元帝在王昭君故事中的地位，使之成为全剧抒情主人公。作品既写出他"愁花病酒"、沉湎女色的轻薄与风流，又强调了他对王昭君的挚爱，更突出他虽贵为天子，却"一身不自由"的痛苦和酸楚。在他身上负载着许多亡国之君的软弱和无奈，作者对他寄予了深切的同情和怜悯。其新异处略述如下：

第一，《古名家杂剧》本的题目正名，即有一句"汉元帝一身不自由"，剧中也确实是这样描写的。第二折，汉元帝本来十分珍惜他与王昭君的爱情，但匈奴横刀夺爱；他不愿将爱妃王昭君远嫁和番，汉朝中却无人"安社稷，定戈矛"，大臣又"齐称和议好"。如尚书五鹿充宗等人说"陛下，咱这里兵甲不利，又无猛将与他相持""望陛下割恩与他，以救一国生灵之命"。元帝唱道："虽然似昭君般成败都皆有，谁似这做天子的官差不自由。"第三折，元帝欲为明妃送行饯别，群臣又力谏不可。所以，元帝感叹道："我哪里是大汉皇帝？""我做了别虞姬楚霸王，全不见守玉关征西将。""枉养着那边庭上铁衣郎。"将相们"但提起刀枪，却早小鹿儿心头撞。今日央及煞娘娘，怎做的男儿当自强"。

第二，元帝见画思念王昭君，昭君魂归。第四折，汉宫秋夜，王昭君远去，元帝见人去楼空，触景伤悲，观看昭君像时，进入梦乡。梦中，王昭君逃回汉宫，说："妾身王嫱，和番到北地，私自逃回。兀的不是我主人！陛下，妾身来了也。"元帝因番兵前来捉拿王昭君而惊醒南柯一梦。这一关目，实有故事的承传。唐杜甫《咏怀古迹》有云："一去紫台连朔漠，独留青冢向黄昏。画图省识春风面，环佩空归月下魂。"宋黄文雷《昭君行》亦说："痴心惟恐琵琶语，归梦空随鸿雁飞。"此盖为《汉宫秋》所本。以后的昭君故事中多有此情节，甚至清初薛旦的《昭君梦》全剧皆从此中生发。

第三，汉元帝"骂雁"。昭君与鸿雁的关系，自晋石崇的《王明君辞》以来，历代吟咏不绝。昭君要么欲乘之以遐征，要么希望它传信回故乡，从无"骂雁"一说。而《汉宫秋》第四折，元帝因雁叫声惊醒了他的"好梦"，所以骂之。元帝说："则被那泼毛团叫的凄楚人也。""早是我神思不宁，又添个冤家缠定。他叫得慢一会儿，紧一声儿，和尽寒更。""则俺那远乡的汉明妃，不见你个泼毛团，也耳根清净。""见被你冷落了潇湘暮景，更打动我边塞离情。""一声儿绕汉宫，一声儿寄渭城，暗添人白发成衰病。"此处盖本北周庾信《秋夜望单飞雁》一诗："失群寒雁声可怜，夜半单飞在月边。无奈人心复有忆，今瞑将渠俱不眠。"庾诗虽写雁单人孤"俱不眠"，但人心有忆，"雁声可怜"，毫无"骂雁"的理由。《汉宫秋》的"骂雁"似当另有所本，我们认为，此情节实受《梧桐雨》的影响所致。

从上述分析中，我们不难看出汉元帝的身上不仅有历朝末代君王的影子，同时还有"安史之乱"时唐明皇李隆基的深深印迹。

马致远在创作《汉宫秋》之前，曾写过两首有关王昭君的散曲。其一名为《紫芝路》"雁北飞，人北望，抛闪煞明妃也汉君王。小单于把盏呀剌剌唱，青草畔有收酪牛，黑河边有扇尾羊。他只是思故乡"；其二名为《越调·天净沙》"西风塞上胡笳，月明马上琵琶，那抵昭君恨多。李陵台下，淡烟衰草黄沙"。元代武林隐也有一首题为"昭君"的"百字令"散曲。《昭君》亦写王昭君出塞时"天风瑞雪剪玉蕊冰花，驾单车明妃无情无绪。气结愁云，泪湿腮霞"，"哀哀怨怨，一曲琵琶。没撩没乱离愁悲悲切切，恨满天涯"。此曲明显袭用了马致远的名作《天净沙·秋思》中的许多成句和意境，自当作于马致远散曲之后。元人散曲写及昭君的还有很多，但均与《汉宫秋》无关，可以不论。

从马致远的两首散曲中，可以看出它们均写王昭君到了匈奴以后的思乡和愁怨，显然与《汉宫秋》差异甚大。这说明《汉宫秋》

里的思想，不是在马致远原有认识基础上的自然发展，而是一种质的飞跃。这种飞跃必是受到了某种大的灵感触发，或者是凭借了他人的成作而有所改编，独自另起炉灶而创作的可能性不大。这又有两种可能：一是他在关汉卿《汉元帝哭昭君》的基础上，加工提高而写成《汉宫秋》；二是受到了《梧桐雨》，或是李、杨故事的触动而创作《汉宫秋》。而且这二者并不矛盾，因为关汉卿既写过《汉元帝哭昭君》，又写过《唐明皇哭香囊》，或许关氏已将两者联系在一起，并写得很相似了。但由于关氏上述剧作已佚失不存，无法确证，只好阙疑而不论。

白朴的《梧桐雨》是元杂剧中深有影响的名著，它以"安史之乱"为背景，着力描写李隆基与杨玉环帝妃之间悲欢离合的爱情故事。白朴（1226—1306），字仁甫，又字太素，号兰谷。其父白华，仕金为枢密院经历。白朴于金亡时，与家人离散，由其父挚友元好问抚养长大。南宋灭亡，长期定居南方，终身不仕。白朴为元曲四大家之一，与关汉卿同时，年长于马致远二十四岁左右，其剧作对马致远有影响是完全可能的。

马致远《汉宫秋》与白朴《梧桐雨》的密切关系，还是有充分证据可以说明的。马致远本人就写过一首散曲《马嵬坡》："睡海棠，春将晚，恨不得明皇掌中看。霓裳便是中原患。不因这玉环，引起那禄山，怎知蜀道难。"这首曲子所题写的内容与思想，倒与《梧桐雨》若合符节。由此，说《汉宫秋》受到《梧桐雨》的影响就不为无据。日本学者青木正儿《元人杂剧概说》即云："《汉宫秋》一剧，从早就有大维斯的英译本（1829年刊），是欧洲人所知道的中国戏剧之一。事迹是敷演《西京杂记》所载王昭君出塞的故事，它和白仁甫的《梧桐雨》，正是很好的一对典雅剧的杰作。不过汉元帝和王昭君的关系，并没有像唐玄宗和杨贵妃的姻缘那样浓艳的事。"

后　记

　　她，美艳绝伦，如雪似玉，犹如一杯香醇而甜美的浓酒；腮如桃花，口似樱桃，云鬓高耸，兰佩低缀，酥胸颤颤，腰肢款款，投足如风摆嫩柳，举手似雏燕凌空……她，就是生就了落雁之容的千古美女王昭君。就是她，因画师作祟，三年不识龙颜，悍然出塞和番，令汉宫惊艳，让铁骨铮铮的呼韩邪单于拜倒在她的石榴裙下，从此，汉匈合为一家。她入乡随俗，美丽善良的她给草原人民带来了和平，带来了希望，成为草原人民的"天使"。

　　王昭君出塞和亲，化干戈为玉帛，消除了战事，为两国开创了稳定和平的政治局面，深得人心。遗憾的是，两年后呼韩邪单于暴病身亡，王昭君陷入悲痛之中。

　　依据匈奴"父死妻其后母"的习俗，王昭君须改嫁呼韩邪单于第一个妻子所生长子复株累单于雕陶莫皋。为了顾全大局，王昭君只好委曲求全。婚后，为其生有二女，大女儿叫须卜居次，二女儿叫当于居次。雕陶莫皋倾爱昭君，对她言听计从，为维护胡汉两国关系，发展农牧业生产做出了极大贡献。偏偏好景难长，公元前20年，雕陶莫皋又染疾病而亡，王昭君再一次受到精神重创。这时王莽推行新朝篡汉，天下大乱。胡人以外姓为何可夺刘汉江山为由，唇枪舌剑，刀光剑影，危机四伏。眼看自己为之献身的和平之局，即刻变为乌有，王昭君整日以泪洗面，仰天长叹，悲愤成疾。终于香消玉殒，一命黄泉。临逝，子女们请命遗嘱，王昭君命葬山西朔州紫荆山下青钟村，故史载有青钟变为青冢之说。王昭君墓藏青钟，既顾其风水之好，且不失归汉之嫌，又可亲临汉室之关，风闻汉民之欢。子女应命遵办。厚葬该村村北一平滩之地，堆土成丘，柳荫遮被，绿草鲜花相伴。胡民思念万般，在呼和浩特市及大青山一带遍造王昭君衣棺墓几十座，以表纪念。其情可嘉，实为此尔。

青冢墓碑上刻有"一身归朔漠，数代靖兵戎；若以功名论，几与卫霍同"。确实，王昭君的功绩，不只在于她的主动出塞和亲，更在于她出塞之后，汉匈和如一家，边塞烽烟熄灭了五十年。王昭君的故事，也由此成为我国历史上久传不衰的民族团结的佳话。